Peter Gingold

Paris
–
Boulevard St. Martin No. 11

Ein jüdischer Antifaschist und Kommunist
in der Résistance und der Bundesrepublik

Herausgegeben von Ulrich Schneider

PapyRossa Verlag

Zum Herausgeber:
Ulrich Schneider, Dr. phil., *1954. Historiker und Lehrer. Bundessprecher der Vereinigung der Verfolgten des Naziregimes – Bund der Antifaschistinnen und Antifaschisten (VVN-BdA) sowie Generalsekretär der Fédération Internationale des Résistants (FIR). Zahlreiche Buch- und Zeitschriftenveröffentlichungen zu Faschismus, antifaschistischem Widerstand und Neofaschismus.

4. Auflage 2015
3. Auflage 2011
2., verbesserte Auflage 2009
© 2009/2015 by PapyRossa Verlags GmbH & Co. KG, Köln
Luxemburger Str. 202, 50937 Köln
Tel.:   +49 (0) 221 – 44 85 45
Fax: +49 (0) 221 – 44 43 05
E-Mail: mail@papyrossa.de
Internet: www.papyrossa.de

Umschlag: Willi Hölzel, Lux siebenzwoplus; unter Verwendung einer
          Fotografie von Philipp Teubner
Druck: Interpress

Die Deutsche Nationalbibliothek verzeichnet diese Publikation in
der Deutschen Nationalbibliografie; detaillierte bibliografische
Daten sind im Internet über http://dnb.d-nb.de abrufbar

ISBN 978-3-89438-407-4

Inhalt

Politisches Handeln bis heute (147)

Fragen und Antworten (175)

Peter Gingold –
90 Jahre und kein bisschen leise

Ein Blick in den Kalender von Peter Gingold aus dem Jahr 2005 zeigt die verschiedensten Termine in friedlicher Koexistenz: Vorträge bei der Gesellschaft für christlich-jüdische Zusammenarbeit, Auftritte bei der autonomen Antifa, Projekttage in Schulen, Veranstaltungen der Gewerkschaften und der Vereinigung der Verfolgten des Naziregimes Bund der Antifaschisten (VVN-BdA) sowie die Einladung zu einer wissenschaftlichen Konferenz in Italien. Peter ist ein viel gefragter Redner, Gesprächspartner und Zeitzeuge, der politisch reflektiert, engagiert und persönlich authentisch historische Zusammenhänge vermitteln kann.

Am 8. März 2006 begeht er seinen 90. Geburtstag.

Seine persönliche und politische Prägung erhielt er, geboren im Kriegsjahr 1916 in Aschaffenburg, in seinem jüdischen Elternhaus und in der Arbeiterjugendbewegung. Sein Vater besaß ein kleines Geschäft als Konfektionsschneider in Frankfurt am Main, wo Peter auch die jüdische Volksschule besuchte. Als Jugendlicher erlebte er den Antisemitismus der Nazis. Er fragte sich und seinen Vater, der mit seiner Arbeit eine achtköpfige Familie zu ernähren hatte: »Du bist doch auch Jude, leidest auch unter der Arbeitslosigkeit, wieso bist du an allem schuld?« So einfach und gleichzeitig überzeugend stellte Peter die politische Demagogie in Frage und begann als Jugendlicher, selber nach den Ursachen von Massenarbeitslosigkeit, Armut und Ungerechtigkeit zu suchen. Folgerichtig organisierte er sich im Zentral-

verband Deutscher Angestellter und im Kommunistischen Jugendverband. Und da er politische Erkenntnisse immer auch in Handeln
umsetzte, beteiligte er sich vor 1933 und nach der Machtübertragung
an die NSDAP am antifaschistischen Kampf.

Bei einer Razzia der SA im Juni 1933 festgenommen, kam er erst
nach mehrmonatiger Gefängnishaft frei – mit der Auflage, Deutschland zu verlassen. Er folgte seinen Eltern und Geschwistern, die
schon im Frühjahr 1933 nach Paris emigriert waren. Ruhe gab er dort
aber auch nicht. Er arbeitete im deutschsprachigen antifaschistischen
»Pariser Tageblatt« mit und gehörte zu den Gründern der »Freien
Deutschen Jugend« (FDJ) als überparteiliche antifaschistische Jugendorganisation.

In Paris traf er zwei wichtige Entscheidungen, die sein ganzes
persönliches und politisches Leben geprägt haben: 1937 trat er der
Kommunistischen Partei bei und 1940 heiratete er Ettie Stein-Haller,
die er bei der FDJ-Arbeit kennen und lieben gelernt hatte. Über sechzig
Jahre waren Peter und Ettie verheiratet und haben sich gegenseitig in
ihrer politischen Arbeit und Überzeugung gestützt und gestärkt. Wie
wichtig Ettie auch für seine politische Arbeit war, deutete er bei einer
Veranstaltung in der »Alten Oper« in Frankfurt/M. im Frühjahr 2004
an, als er sagte: »Ich möchte nicht von mir sprechen, sondern von der
Leistung unserer Frauen in der französischen Résistance.« Stehender
Applaus war die Antwort des Publikums.

Im französischen Exil bracht Ettie ihre erste Tochter, Alice, zur Welt.
Während sie sich um das Kind kümmerte, musste Peter untertauchen,
weil die Gestapo ihn verfolgte. Er schloss sich der Travail Allemand
(TA) an, einer Gruppe in der Résistance, die antifaschistische Aufklärung unter deutschen Soldaten leistete. Während seiner illegalen
Zeit wurden zwei seiner Geschwister in Paris verhaftet und nach
Auschwitz deportiert. Er selbst geriet 1943 in die Fänge der Gestapo,
konnte aber auf abenteuerliche Weise entkommen. Wenn er darüber
vor Jugendlichen spricht, hat er deren ungeteilte Aufmerksamkeit.
Aber er macht dabei immer deutlich, dass der antifaschistische Kampf
kein »Räuber und Gendarm«-Spiel war; er verdanke sein Überleben
nur der politischen Organisation und der internationalen Solidarität.

Peter nahm im August 1944 am Aufstand zur Befreiung von Paris teil und setzte seine antifaschistische Arbeit im 1. Pariser Regiment in Lothringen fort. Ab April 1945 war er Frontbeauftragter bei den Partisanen in Norditalien. In Turin erlebte er den 8. Mai 1945, der für ihn »das Morgenrot der Menschheit« war.

Im Sommer 2004 würdigte die französische Öffentlichkeit die Leistung der Deutschen in der Résistance anlässlich des 60. Jahrestages der Landung der Alliierten in der Normandie. Während die deutsche Bundesregierung aus diesem Anlass Veteranen der Hitlerwehrmacht einlud, richtete die französische Regierung eine Einladung an Peter Gingold. Die französische Tageszeitung »Le Monde« brachte eine Sonderausgabe heraus: »Libérateurs« – »Befreier«, in der Gerhard Leo, Kurt Hälker und Peter Gingold gewürdigt wurden. Alle drei gehören zum Verband Deutscher in der Résistance, in den Streitkräften der Antihitlerkoalition und der Bewegung Freies Deutschland (DRAFD).

Das Verhalten der Bundesregierung war symptomatisch für ihr Verhältnis zum jüdischen Kommunisten Peter Gingold seit seiner Rückkehr nach Deutschland 1945. Peter und Ettie engagierten sich in Frankfurt/M. Sie gehörten zu den Gründern der hessischen VVN (Vereinigung der Verfolgten des Naziregimes). Als Mitglied des Sekretariats der KPD und deren Schulungsleiter erlebte Peter jedoch auch hautnah die Folgen des Kalten Krieges und der Restaurationspolitik. Mit dem Verbot der KPD 1956 musste er zeitweilig wieder in die Illegalität gehen. Auch nach der Legalisierung kommunistischer Tätigkeit durch die Neukonstituierung der DKP 1968 war für ihn die Zeit der Ausgrenzung und politischen Entrechtung noch nicht vorüber. Er stritt mehrere Jahre vor deutschen Verwaltungsgerichten, bis ihm deutsche Staatsangehörigkeit wieder zuerkannt wurde, die ihm 1956 entzogen worden war. Bis dahin galt er als »Staatenloser«. Und es empörte ihn, dass seine zweite Tochter Silvia viele Jahre nicht als Lehrerin arbeiten durfte, weil gegen sie ein Berufsverbot verhängt worden war. Damals kamen ihm seine Kontakte zu den französischen Antifaschisten zugute. »A bas les Berufsverbote« wurde zu einer millionenfach erhobenen Forderung in den 70er Jahren in Frankreich.

Dass seine Tochter später doch noch als Lehrerin arbeiten konnte, zeigte ihm erneut, dass sich der gemeinsame Kampf um demokratische und soziale Rechte lohnt. Diese Erfahrung betont er immer wieder in Gesprächen und Vorträgen, besonders gegenüber jungen Zuhörern. Er will ihnen damit auch zeigen, dass man einen »langen Atem« haben muss. Ein Beispiel dafür ist sein eigenes Engagement gegen die IG Farben AG (in Abwicklung). Fast zwanzig Jahre kämpfte er auf der Straße und auf Aktionärsversammlungen darum, dass dieser Nachfolger des Kriegsverbrecherkonzerns aufgelöst und die vorhandenen Gelder den Opfern zur Verfügung gestellt werden. Er mobilisierte mit seiner Leidenschaft viele Menschen, die diese Ziele mit ihm gemeinsam vertraten.

Seine Fähigkeit, junge Menschen zu begeistern, ist eine seiner größten Stärken. Zahllos sind seine Termine in Schulen und Jugendgruppen, auf Kundgebungen gegen Neonazis oder zur antifaschistischen Erinnerung, als Mitglied im Bundessprecherkreis der VVN-BdA. Als er 2004 gefragt wurde, ob er sich zum Ehrenvorsitzenden der VVN-BdA wählen lassen wolle, lehnte er ab. Nicht allein aus der ihm eigenen Bescheidenheit, nein, er war darüber besorgt, er würde auf diese Weise auf das »Altenteil« abgeschoben. Die Delegierten des Bundeskongresses quittierten dies mit der einstimmigen Wiederwahl zum Bundessprecher.

Mit 90 Jahren hat Peter sich eine neue Aufgabe gestellt. Er möchte sichern, dass seine Erfahrungen auch dann noch weitergegeben werden können, wenn er selber nicht mehr die zahlreichen Einladungen zu Veranstaltungen wahrnehmen kann. So hat er begonnen, seine Erinnerungen und Erfahrungen aufzuschreiben.

Ulrich Schneider
(Nach einem Artikel für »Neues Deutschland«
zum 90. Geburtstag von Peter Gingold)

Vorbemerkung des Herausgebers

Als Peter Gingold anlässlich seines 90. Geburtstags von einer Journalistin gefragt wurde, was er in der Zukunft vorhabe, erklärte er zu deren Überraschung: »Ich schreibe jetzt meine Biografie.« Und tatsächlich war Peter Gingold seit Herbst 2006 dabei, seine Erinnerungen zu diktieren bzw. zu Papier zu bringen. Und die inhaltliche Begründung lieferte er auch gleich mit:

»Was ist es, das mich jetzt noch zum Schreiben bewegt? Es sind in erster Linie die Fragen der wissensdurstigen Kinder und Jugendlichen, wenn ich in den Schulen zu ihnen spreche. Sie werden immer dann hellwach, wenn ich die historischen Ereignisse mit meinen persönlichen Erlebnissen verbinde. Nur auf diesem Weg gelingt es mir, ihr Verständnis, ja ihr Nachempfinden zu wecken. Dann sind es auch die unermüdlichen Forderungen meiner Genossen und Freunde: ›Peter, nun 90-jährig, die dahinfliegende Zeit klopft mahnend an Deine Tür! Wir wünschen uns, dass Du schwarz auf weiß Deine Erfahrungen im Widerstandskampf festhältst, nichts darf verloren gehen.‹

Natürlich weiß ich nur zu genau, dass meine Stimme in kurzer Zeit nicht mehr nur leiser klingen, sondern ganz verstummen wird, und ich beginne ernsthaft, die mir noch verbleibende kostbare Frist zu nutzen, um mir vom Herzen zu schreiben, was sich dort in all den Jahren gesammelt hat. Ich will vor allem jungen Menschen erzählen, dass unser Kampf eng verbunden ist mit der Lust und Freude am Leben, ja, dass er ein nicht wegzudenkender Kraftquell ist.«

Doch diese »Lust und Freude am Leben« konnte er in diesen Monaten nur noch teilweise empfinden. Eine schwere und tückische Krankheit hinderte ihn immer stärker daran, sein Ziel, eine vollständige Autobiografie zu schreiben, zu erreichen. Eine geschlossene

Darstellung gelang ihm nicht mehr. Während er die Jahre bis 1945 relativ zusammenhängend schildert, findet man im zweiten Teil des Buches Sprünge, Brüche und »Lücken«. Dies sind jedoch keine »weißen Flecken« seiner Geschichte, sondern das bedauerliche Resultat seiner abnehmenden Kräfte, die es ihm in den letzten Monaten seines Lebens nicht mehr ermöglichten, mit der von ihm gewünschten Kraft an dem Manuskript zu arbeiten. Immer wieder überlegte er, auf welche Fragen er unbedingt noch Antwort geben müsse, bevor er die bereits geschriebenen Texte noch einmal bearbeiten könne. Und so haben die vorliegenden Aufzeichnungen und Erinnerungen zum Teil etwas Fragmentarisches. Dies schmälert aber nicht ihre Aussagekraft.

Zu danken ist in diesem Zusammenhang insbesondere Sonja Axen, die einen Großteil der handschriftlichen Aufzeichnungen von Peter Gingold, seine teilweise diktierten Texte, aber auch die Mitschriften, die bei anderen Gelegenheiten entstanden sind, in eine einheitliche Form gebracht hat. Welche Herausforderung dies war, können alle ermessen, die Peter Gingold auf verschiedenen Veranstaltungen als begnadeten Redner erlebt haben. Er konnte mit seinem rhetorischen Talent besonders junge Menschen ansprechen und begeistern. Das war keine akademische Sprache. Und er schrieb auch seine eigenen Aufzeichnungen so, wie er sprach – unabhängig von den Regeln der deutschen Syntax. Daher war es notwendig, diese Texte für eine Ver-öffentlichung zu bearbeiten. Zum Teil konnte er noch selbst die geschriebene Fassung durchsehen. Der Rest musste im Zusammenhang mit der Drucklegung sprachlich bearbeitet werden, wobei großer Wert darauf gelegt wurde, dem Stil von Peter Gingold so nahe wie möglich zu bleiben. Zum besseren Verständnis des Textes wurden insbesondere in den ersten Kapiteln knappe historische Erläuterungen vom Herausgeber hinzugefügt. Damit können auch jüngere Leserinnen und Leser die geschichtlichen Zusammenhänge, die im Text angesprochen werden, nachvollziehen. Um die Erläuterungen kenntlich zu machen, wurden diese Abschnitte grau unterlegt.

Kindheit und Jugend

Über meine Mutter

Sie war eine jiddische Mama, wie sie in Büchern und Liedern beschrieben wird. Sieben Kinder hat sie zur Welt gebracht, darunter zweimal Zwillinge. Meinen Bruder David und meine Schwester Dora. Auch ich bin als Zwilling zur Welt gekommen. Meine Zwillingsschwester Augusta habe ich nie kennen gelernt, sie starb mehrere Monate nach der Geburt. Heute kann ich mir nicht mehr vorstellen, wie es meine Mutter in den ärmlichen Verhältnissen, in den schweren Kriegs- und Nachkriegsjahren nach 1918 zustande gebracht hat, uns alle zu versorgen. Sie ist in Polen aufgewachsen, war nie in eine Schule gegangen, konnte nicht schreiben, wohl aber lesen. Mit unglaublicher Wärme hat sie uns umsorgt, uns das wohlige Gefühl der Geborgenheit gegeben. Wenn im Jüdischen von Mameluschen gesprochen wird, fühle ich meine Mutter.

Ach, was haben wir ihr zu verdanken! Bei allen Entbehrungen hatten wir eine glückliche Kindheit. Bei aller Knappheit kannten wir keinen Hunger. In der Nähe unserer Wohnung gab es einen Park mit einer großen Wiese, sie heißt heute noch Großmutterwiese. Dort verbrachten wir jeden warmen Sonntagnachmittag bei einem Picknick. Eines Tages, als wir von dort nach Hause kamen, vermisste meine Mutter plötzlich ihre Zähne, sie hatte sie dort liegen gelassen. Vor dem Picknick-Essen hatte sie ihre Zähne herausgenommen. Es war schon abends, fast dunkel. Die ganze Familie begab sich nun zurück zur Großmutterwiese. Sogar der Nachtwächter hat mitgeholfen zu suchen. Wie das dann ausgegangen ist, weiß ich heute nicht mehr.

Meine Mutter achtete sehr auf ihr Äußeres, sie war darauf bedacht, gepflegt und schön auszusehen. Sie war lebenslustig, voller
Optimismus, im Gegensatz zu meinem mehr pessimistischen Vater.
Etwas davon habe ich von ihr geerbt. Sie hat sogar noch Pläne
geschmiedet, als sie im hohen Alter zuckerkrank wurde und ihre
beiden Beine amputiert wurden, so dass sie im Rollstuhl sitzen
musste. Selbst in ihrem hohen Alter machte sie sich immer schön
und hat ihre Lippen regelmäßig geschminkt. Nach dem Essen
rauchte sie eine Zigarette, für sie ein Zeichen der Unabhängigkeit,
sie fühlte sich als moderne Frau. Mit Verachtung lehnte sie z. B. eine
ihr angebotene amerikanische Zigarette als zu leicht ab, nein sie
bevorzugte starke Zigaretten, die Gauloises bleues. Für uns war es
immer rätselhaft, dass meine Eltern an ein und demselben Tag, es
war der 15. August, Geburtstag hatten. Als mein Vater mit 71 Jahren
gestorben war, sagte die Mutter eines Tages zu uns: »Ich will euch
ein Geheimnis verraten. Ich bin in Wirklichkeit zehn Jahre älter,
als in meinen Papieren angegeben ist, das hat euer Vater nie gewusst«. Als sie zum Heiraten nach London gefahren waren und beim
Standesamt keine Geburtsurkunde vorlegen mussten, (die es damals
in Polen nicht gab,) hatten sie einfachheitshalber ein gleiches Ge-
burtsdatum angegeben – und meine Mutter sah darin die einmalige
Chance, sich zehn Jahre jünger zu machen. Natürlich haben wir alle
gelacht. Sie wurde 85 Jahre alt.

*Esther und Moritz
(Maurice) Gingold,
die Eltern von Peter
1960 in Frankfurt/
Main*

Erinnerungsbilder aus Kindheit und Jugend

Eine meiner ersten Kindheitserinnerungen ist die Reise meiner Eltern und Geschwister zur Hochzeit meiner Cousine von Aschaffenburg nach Frankfurt. Ich war etwa zwei Jahre alt. Im Gedächtnis ist mir geblieben, dass ich brüllte, weil ich aufbleiben wollte und von meinem Vater mit Gewalt ins Bett gebracht wurde. Ich sehe dann meinen Vater, wie er im Flur steht und in die Muschel eines Telefonapparates hinein spricht, der an der Wand befestigt ist.

Dann fällt mir die Tafel Schokolade ein, die wir jedes Mal, wenn meine Eltern von Aschaffenburg nach Frankfurt fuhren, erhielten, um uns zu beruhigen, wenn sie uns allein ließen. Wie habe ich es genossen und wie genieße ich es auch heute noch, die Schokolade aus dem knisternden Silberpapier zu wickeln. Wenn ich schon einmal bei Schokolade bin, muss ich an die Schokoladen-Nikoläuse zur Weihnachtszeit denken. Wir bekamen nur die zerbrochenen. Weil unsere Familie arm und meine Mutter daher sparsam war, konnten wir uns keine anderen erlauben. Wenn Weihnachten vorbei war, wurden die Nikoläuse in den Läden billiger, besonders wenn sie zerbrochen waren.

Zu einer anderen wunderbaren Kindheitserinnerung gehört mein Onkel, wenn er aus Frankfurt mit dem Motorrad zu Besuch kam: Was für ein Erlebnis, wenn ich auf dem hinteren Sattel ein Stückchen mit ihm mitfahren konnte! Noch aufregender wurde es, als er sogar mit einem Auto kam, es war ein offener Opel, in dem ich bis zur Stadtausfahrt mitfahren durfte.

Wir waren sechs Geschwister, zwei Brüder und eine Schwester, die älter waren: David und Dora, die Zwillinge, waren drei Jahre älter, Leo ein Jahr älter, dann kam ich. Meine Schwester Fanny war zwei Jahre jünger, dann Siegmund, sechs Jahre jünger. Eigentlich haben wir uns immer vertragen. Wir hatten natürlich auch mal Krach miteinander. Mein ältester Bruder David gab für unsere Straße eine Zeitung heraus, vielleicht in fünf oder sechs Exemplaren; sie waren handschriftlich und durchgepaust und sie zogen manchen Nachbarn durch den Kakao.

Ich gehörte zu der Clique der Nachbarkinder, die immer zusammen spielten. Mit der Clique der anderen Straße haben wir Fußball gespielt und uns Schlachten geliefert. Wir selbst hatten keine größeren Spielgeräte, aber wir konnten mit denen der anderen Kinder spielen, z. B. durfte ich ab und zu auf einem Roller, und wenn ich Glück hatte, sogar auf einem Holländer-Fahrrad fahren. Als mein jüngster Bruder Siegmund zur Welt kam, gab es oft ein Kinderwagenrennen mit Nachbarkindern, die ebenfalls ihr Brüderchen oder Schwesterchen im Kinderwagen ausführten. Ein Rennen um das Karree herum. Einmal, an einer scharfen Kurve, kippte mein Kinderwagen um und Siegmund fiel aus dem Wagen. Er hat natürlich geschrieen. Glücklicherweise blieb der Vorfall ohne Folgen.

Wir waren eine jüdische Familie, aber ich spürte in unserer Clique keine Vorbehalte uns gegenüber. Ich gehörte dazu wie jeder andere. Eine große Ausnahme machte unser Hausmeister, der nicht nur Juden, sondern auch Ausländer hasste. Wir Kinder hatten vor ihm eine unheimliche Angst, zumal er auch noch einen scharfen Schäferhund besaß.

In der Schule spürte ich kaum Vorbehalte gegen mich. Ich war der einzige jüdische Schüler. Es gab eine Mädchen- und eine Jungenschule, die von einander getrennt waren. In meiner Schule gab es keine Lehrerin. Sobald der Lehrer zu Beginn des Unterrichts das Klassenzimmer betrat, mussten wir Kinder aufstehen – wir waren etwa 30 Schüler – und im Chor sagen: »Guten Morgen, Herr Oberlehrer«. Dann holte er erst einmal den Rohrstock aus dem Schrank und ging mit ihm durch die Reihen. Wir waren dann alle mehr oder weniger eingeschüchtert. Wer sich nicht richtig betragen hat oder erwischt wurde, wie er beim Nachbarn abguckte, musste seine Hand ausstrecken und bekam den Rohrstock zu spüren. Das tat ziemlich weh. Bei schwereren Vergehen ließ der Lehrer den Schüler sich nach vorne beugen und mit den Fingerspitzen den Boden berühren, um ihm mehrere Schläge auf den Hintern zu geben, was sehr schmerzhaft war. Dazu kam noch ein Eintrag ins Klassenbuch. Im Betragen hatte ich meist eine »Zwei«. Ich war also ein ziemlich braver Schüler.

Freude an der Schule hatte ich erst, als wir einen Lehrer bekamen, der den Rohrstock nie benutzte; er lehrte uns Geschichte und
Literatur. Er bevorzugte mich oft beim Rezitieren von Gedichten. Ich
weiß noch, mit welchem Pathos ich die Glocke von Schiller vortrug.
In Deutsch bekam ich immer eine gute Note. Dies hat mir beim Schul-
abschluss eingebracht, dass ich in der Feierstunde, in Anwesenheit
der Eltern und Lehrer, die Rede halten durfte. Als ich meine Rede
beendet hatte, bekam ich großen Applaus. Mein Klassenlehrer nahm
das bereits ausgefertigte Zeugnis und veränderte die Note »Zwei« in
eine »Eins«. Ich war da sehr stolz. Später erfuhr ich, dass dieser von
mir so hoch geschätzte Lehrer Gedichte veröffentlicht hatte. Viele
Jahre später entdeckte ich zufällig bei den Bouquinisten (Buchver-
käufer) an der Seine in Paris ein solches Heft.

Jüdische Kindheit

Mit meinen Eltern bin ich regelmäßig in die Synagoge gegangen,
eine kleine, schöne Synagoge in Aschaffenburg. Im November 1938
wurde sie, wie alle Synagogen in Deutschland, zerstört; an ihrer Stelle
steht gegenwärtig eine äußerst beeindruckend gestaltete Gedenkstätte. Ich war religiös erzogen, sehr gläubig. Meine Mutter nahm die
jüdischen Gesetze ziemlich genau, mein Vater weniger. Zum Beispiel
beim Pesach-Fest, das dem christlichen Osterfest zeitlich nahe ist: Da
musste das gesamte Geschirr ausgetauscht werden, damit vom Sauer-
brot kein Krümel übrig blieb – es durfte nur ungesäuertes Brot ge-
gessen werden. Die Gemeinde war nicht groß, etwa dreihundert oder
vierhundert Mitglieder. Religionsunterricht erhielt ich privat in der
Wohnung eines Religionslehrers. Mit 13 Jahren hatte ich meine Bar-
Mizwa, was bei den evangelischen Christen die Konfirmation ist. Ich
musste in der Synagoge aus dem Pentateuch, dem Gebetsbuch, eine
Stelle vortragen, was für mich sehr aufregend war. Schon Wochen vorher hatte mich der Rabbiner darauf vorbereitet. Dann war in unserer
ärmlichen Wohnung die Feier. Wie üblich erwarteten wir auch vor-
nehme Gäste aus der jüdischen Gemeinde. Am meisten freute ich

mich natürlich auf ihre Geschenke. Mein Vater renovierte vorher
das Empfangszimmer, indem er mit einem Rasierpinsel den Wänden
einen neuen Anstrich gab. Aber eine kleine Fläche konnte nicht mehr
übermalt werden, da inzwischen der Pinsel alle Haare verloren hatte.
Die Geschäfte hatten bereits geschlossen, ein neuer Pinsel konnte
nicht beschafft werden. Da bekam einer meiner Brüder den Auftrag,
sich so vor die Wand zu stellen, dass die Besucher das Farbloch nicht
sehen konnten. Dann erlebten wir noch etwas ganz Schreckliches. Als
die Gäste ankamen, darunter feine Damen mit weißen Handschuhen,
zeigten sie uns entsetzt ihre Hände: Die feinen, weißen Handschuhe
waren mit Senf beschmiert. Der antisemitische Hausmeister hatte mitbekommen, dass bei uns eine Feier stattfand, und hatte in seinem Hass
das Geländer mit Senf bestrichen. – Ich wurde reichlich beschenkt
mit Dingen, von denen ich vorher nur träumen konnte. Sogar eine
Taschenuhr und eine lederne Brieftasche, die ich meinem Vater gab,
weil er sie so begehrlich anschaute, da er sie gut gebrauchen konnte.
Ein bisschen trauerte ich ihr schon nach.

Meine Eltern sind mit der ganzen Familie 1929 wieder nach
Frankfurt gezogen, weil die meisten ihrer Verwandten dort lebten.
Ich war damals 13 Jahre alt und ging noch ein Jahr in eine jüdische
Schule. Frankfurt besaß neben Berlin die größte jüdische Gemeinde.
In der Schulklasse waren wir Jungen zusammen mit den Mädchen,
was für mich ganz neu war: Dort erlebte ich meine erste Liebe. Wie
ein »Zigeunerkind« sah die Schulkameradin aus, mit ihren langen
schwarzen Haaren und feurigen Augen. Ob sie etwas gespürt oder
geahnt hat, weiß ich nicht, denn ich bin damals natürlich noch sehr
schüchtern gewesen.

Als ich die Schule beendet hatte, wollte ich etwas lernen, das mit
Büchern zu tun hat. Etwa Buchdrucker oder Schriftsetzer. Ich habe
gern gelesen, aber meine bisherige Literatur waren Indianerhefte und
Karl May. In meinem letzten Schuljahr nahm ich die kleinen Hefte
mit in die Synagoge, denn den Gottesdienst empfand ich mittlerweile
als langweilig: Ich legte das Heft in das dicke Gebetbuch, um den
Eindruck zu erwecken, als würde ich beten. Da wurde immer wieder
geblättert und geblättert und gebetet und gebetet. Eines Tages, als ich

so mitgeblättert hatte, bekam ich von hinten eine schallende Ohrfeige. Ein Mann hinter mir hatte beobachtet, dass ich statt zu beten, in eine andere Lektüre versunken war. Er hatte es als eine Schändung, als eine Lästerung des Gottesdienstes empfunden.

Als das Einmischen begann

Wenn ich in Schulklassen vor 15- bis 16-Jährigen stehe, sage ich gleich zu Beginn: »Ich war in eurem Alter, als ich anfing, mich einzumischen, nicht alles hinzunehmen, was auf mich einstürzte, was sich um mich herum tat.« Und ich erzähle auch, wie ich in diesem Alter dazu kam.

Da sich mein Wunsch, Buchdrucker oder Schriftsetzer zu werden, nicht erfüllen ließ, denn es gab 1930 keine Lehrstelle, war ich zum ersten Mal mit der Arbeitslosigkeit konfrontiert, ohne die geringste Ahnung zu haben, woher sie kommt. Um mich herum waren Not und Elend. Darunter litt meine achtköpfige arme jüdische Familie. Mein Vater war Schneidermeister, der kaum Arbeit bekam. Als Hausiererin versuchte meine Mutter, etwas dazu zu verdienen. Die einzige Lehrstelle, die sich mir anbot, war die eines kaufmännischen Lehrlings; für einen Beruf, der mir überhaupt nicht zusagte. Also wurde ich Lehrling in einer kleinen Musikgroßhandlung mit insgesamt drei oder vier Beschäftigten. Hier habe ich in den drei Ausbildungsjahren so gut wie nichts gelernt, außer in der Berufsschule. Doch ich kam ein wenig mit Musik in Berührung. Das Grammofon mit der Membrane und einem inneren Räderwerk hatte eine Feder, die mit der Hand aufgezogen werden musste. Die Schallplatten aus Schellack durfte man nicht auf den Boden fallen lassen, da sie sofort in Scherben zersprangen. Zum ersten Mal konnte ich klassische Musik hören. Dann gab es auch bald das Radio, eingebaut in ein großes Gehäuse. Als eines davon beschädigt war und unverkäuflich wurde, konnte ich es ganz billig erwerben und nach Hause bringen. Nun saß die ganze Familie um das große Gehäuse herum, das fast wie ein Schrank aussah, und lauschte mit Spannung und Neugierde. Ich drehte an den Knöpfen, siehe da, Musik kam heraus. Ein Wunder. Monatlich konnte ich 30 RM

Lehrgeld nach Hause bringen, eine winzige Unterstützung für unsere
Familie. Davon erhielt ich wöchentlich eine Mark für mich.

Politisch habe ich von zu Hause kaum etwas mitbekommen.
Meine Eltern, in Polen aufgewachsen, hatten keine Möglichkeit, eine
Schule zu besuchen, konnten wohl lesen, aber nicht schreiben. Sie
sprachen Jiddisch, meine Mutter schimpfte auf Polnisch, was ich nicht
verstand. Aber die polnischen Schimpfwörter habe ich mir gemerkt
und manchmal schimpfe auch ich Polnisch. Was sie bedeuten, weiß
ich nun, aufschreiben werde ich sie hier nicht. Weil meine Eltern
nicht richtig Deutsch sprachen, fast nur Jiddisch, habe ich mich ihrer
geschämt. Heute möchte ich deswegen Abbitte leisten. Mittlerweile
schätze ich Jiddisch als die schönste, ausdruckstärkste, kaum übersetz-
bare Sprache. Es ist herrlich, wie ich mit einem einzigen Wort etwas
vernichtend ausdrücken kann: »Nebbich!«

Irgendwie hatten sich meine Eltern bei irgendeiner Aktion billige
Möbel beschafft. In unserem »Besserzimmer«, also dem Zimmer, das
nur für festliche Angelegenheiten und Besuche bestimmt war, lag auf
dem Tisch eine große, bunt gestickte Decke, an allen vier Kanten
das Porträt von Kaiser Wilhelm und das der Kaiserin Auguste. Als
Kind betrachtete ich sie mit Ehrfurcht. Obwohl, wie gesagt, zu Hause
kaum politische Gespräche geführt wurden, verfolgte mein Vater
aber instinktiv mit Sympathie alle Nachrichten von Arbeiterkämpfen,
vor allem solche, die sich gegen das Aufkommen der Nazibewegung
richteten. Meine Eltern haben daher meinem späteren politischen
Engagement nichts in den Weg gelegt. Dies war verständlich, da mit
dem Anwachsen der Hitlerbewegung seit 1929 der Judenhass mehr
und mehr verbreitet wurde. Immer öfter hörte ich den Namen Hitler,
wusste aber nicht, wer und was dahinter steckte. Wenn ich einem
meiner Mitschüler ein schlimmes Schimpfwort an den Kopf werfen
wollte, dann sagte ich: »Du Bolschewik«, oder »Du Kommunist«.

Noch einmal zurück zum Weg meiner Familie. 1929 sind wir aus
Aschaffenburg nach Frankfurt am Main gezogen. Ich selber war 1916
in Aschaffenburg geboren worden. Vor dem Ersten Weltkrieg, 1912,
sind meine Eltern aus Polen nach Deutschland eingewandert und
ließen sich zunächst in Frankfurt am Main nieder, wo drei meiner Ge-

Hinweise zur Staatlichkeit Polens vor 1914

Peter Gingolds Eltern hatten die polnische Nationalität, obwohl der polnische Staat seit dem Ende des 18. Jahrhunderts nicht mehr existierte, weil er mehrfach von Österreich, Preußen und Russland aufgeteilt worden war. Nach dem Ersten Weltkrieg erhielt Polen durch den Versailler Vertrag seine staatliche Souveränität zurück, was 1919 auch international bestätigt wurde.

schwister zur Welt kamen. Mit dem Ausbruch des Krieges – Deutschland war mit Russland im Krieg und Polen gehörte zu Russland – mussten meine Eltern Frankfurt verlassen; ihnen war Aschaffenburg zugewiesen worden. Das erwies sich teilweise als günstig, denn die wichtigsten Betriebe in dieser Stadt waren die Kleiderfabriken, so dass mein Vater als Konfektionsschneider rasch Arbeit fand.

Oft begleitete ich, damals 12-13 Jahre alt, meine Mutter, half ihr die schwere Last zu tragen, wenn sie als Hausiererin, als von Haus zu Haus gehende Händlerin, mit einem kleinen Warensortiment unterwegs war in den Dörfern der Umgebung von Aschaffenburg. Sie handelte mit Seifen und Textilien. Auch mein Vater hausierte in den Dörfern, wenn er keine Arbeit hatte. Die dörflichen Bewohner im Spessart, die meist einen kleinen bäuerlichen Betrieb hatten, einen Acker, vielleicht auch eine Kuh im Stall, Schweine und Geflügel, waren alle Heimarbeiter für die Aschaffenburger Konfektionsfabriken. Sie hatten meistens kein Geld, um etwas zu kaufen. Daher entstand ein Tauschgeschäft. Von den Kleiderfabriken bekamen sie bestimmte Mengen von Stoffen und das Gewebe, das als Futter eingearbeitet wird. Beim Verarbeiten blieben immer Stücke von den kostbaren Geweben übrig. Diese tauschten sie dann für die Waren ein, die meine Mutter oder mein Vater mitbrachten. Das Gewebe konnte dann wieder zu Geld gemacht werden. So halfen sich meine Eltern über die Krise hinweg. Meist war die Mutter als Hausiererin unterwegs. Etwas Schneiderarbeit hatte der Vater noch, da gab es für uns die »Schneidersuppe«. Eine Reissuppe, die einzige Suppe, die mein Vater kochen konnte. Ich erinnere mich nicht, abfällige Bemerkungen ihr oder dem Vater gegenüber gehört zu haben, wenn ich sie ab und zu in die Spessartdörfer begleitete. Von ihnen wusste man ja, dass sie Juden waren. Im Gegenteil, meist empfand ich, dass sie freundlich aufgenommen wurden. Später, im Sommer 1933, emigrierte meine Familie nach Frankreich. Ich blieb zunächst alleine zurück; und bevor ich ihnen nachreiste, ging ich herum, um die noch offenen Rechnungen zu kassieren. Wir brauchten ja jeden Pfennig. Aber selbst in der Nazizeit kam mir in den Spessartdörfern kein Judenhass entgegen.

In Frankfurt wohnten wir im Ostteil der Stadt, in der Nähe des Hauptbahnhofs war meine Arbeitsstelle. Meist ging ich den Weg zu Fuß. Er führte mich durch die Innenstadt, durch die Hauptgeschäftsstraße »Die Zeil«. Noch war ich als 14-Jähriger politisch völlig unbefleckt. Aber es machte auf mich schon einen tiefen Eindruck, wenn ich ganze Gruppen von Menschen zusammenstehen sah, die miteinander diskutierten, oder wenn sie auf den Bänken saßen und Karten spielten. Auch die spontanen Demonstrationen der Arbeitslosen, die ich öfter erlebte, erschütterten mich, wenn sie riefen: »Wir haben Hunger, wir wollen Arbeit und Brot!« Das Überfallkommando der Polizei in blauen Uniformen und dem bekannten Helm, dem Tschako, auch auf Pferden, knüppelte oft in die Menge hinein. Es hat mich enorm schockiert.

Nach 1945 lernte ich den Anführer der Arbeitslosendemonstration kennen, Luki Wittmann, der mir erklärte: Wenn sich viele Arbeitslose meist am späten Nachmittag auf der Zeil ansammelten, dann sei er mit dem Stock durch die Zeil gegangen. Das war das Signal zur spontanen Demonstration.

Aber dann ein anderer Schock, als ich braune Kolonnen, Hakenkreuze am Arm, marschieren sah und ihr Gebrüll hörte: »Deutschland erwache, Juda verrecke, Rot-Front verrecke« und auch: »Wenn auch alles in Scherben fällt, heute gehört uns Deutschland und morgen die ganze Welt«. Oft entstanden dann Straßenschlachten, meist wurden die »Braunen« in die Flucht geschlagen. In Frankfurt konnten sie nicht richtig Fuß fassen. All das begann mich aufzuwühlen. Als ich etwa drei Monate in der Lehre war, standen eines Abends vor unserer Haustür zwei Buben, etwas älter als ich. »Du bist doch kaufmännischer Lehrling«, sagten sie zu mir, »dann kannst du zu uns in die Gewerkschaftsjugendgruppe kommen!« Sie war beim Zentralverband der Angestellten (ZdA), der zum Allgemeinen Deutschen Gewerkschaftsbund (ADGB) gehörte. Ich wusste nicht, was eine Gewerkschaft ist. Sie klärten mich auf, wie wichtig sie sei, was mich auch einigermaßen überzeugte. Sie schilderten, was sie alles in der Gruppe machten. Als sie mir sagten: »Wir sind Jungen und Mädchen« – aha Mädchen! –, da war ich entschlossen, Mitglied der Gewerkschaft zu werden. 1930, mit 14 Jahren – und der Gewerkschaft gehöre ich nun mit einem bisschen Stolz über 75 Jahre an. In eines der Mädchen habe ich mich auch gleich verliebt, nur hat sie es kaum gemerkt, denn ich war viel zu schüchtern. Nach der Befreiung sahen wir uns wieder, auch sie war im Widerstand, verheiratet, wie auch ich. Sie lebt nun im Alter nicht weit von Frankfurt entfernt, sie Witwe, ich Witwer. Bei Geburtstagen telefonieren wir miteinander.

Ein Gespenst geht um...

Im Gewerkschaftshaus gab es eine Bibliothek. An den Bibliothekar erinnere ich mich noch sehr gut, sogar an seinem Namen. Wir nannten ihn Jola, die Abkürzung von Joseph Lang. Er versorgte mich mit sozialpolitischen Romanen: Jack London, Upton Sinclair, Sinclair Lewis, Andersen Nexö (Pelle der Eroberer). Ich verschlang sie buchstäblich. Eine neue Welt öffnete sich mir. Dann gab er mir auch linke Schriften zu lesen, eines Tages sogar das Kommunistische Manifest. Ich las es mit Begeisterung und glaubte, alles verstanden zu haben. Vor allem solche Sätze faszinierten mich: »Ein Gespenst geht um in Europa, das Gespenst des Kommunismus.« Oder: »Die Proletarier dieser Welt haben nichts zu verlieren als ihre Ketten. Aber sie haben eine Welt zu gewinnen.« Besonders der Schluss: »Proletarier aller Länder vereinigt euch!« Jola spürte bei mir Interesse, diskutierte mit mir und ich konnte ihm Fragen stellen. Später war mir klar, dass er kommunistisch orientiert war. Das gab mir einen wesentlichen Anstoß zu meiner weiteren politischen Entwicklung.

Sozialistische Arbeiterpartei Deutschlands (SAP)

Jola = Joseph Lang gehörte ursprünglich der KPD, nach seinem Parteiausschluss der KPO (Kommunistische Partei Opposition um Heinrich Brandler und August Thalheimer) und dann der SAP an. Die SAP war als linksoppositionelle Abspaltung von der SPD im Herbst 1931 von Max Seydewitz und weiteren Mitgliedern der sozialdemokratischen Reichstagsfraktion gegründet worden. Ihr schlossen sich Anhänger des linken SPD-Flügels, unabhängige marxistische Intellektuelle und 1932 eine Minderheit der KPO an. Die SAP setzte sich für eine Einheitsfront von KPD und SPD und allen ihnen verbundenen Massenorganisationen sowie der Freien Gewerkschaften gegen den aufkommenden Faschismus ein. In der Frankfurter Arbeiterbewegung hatte die Partei politisches Gewicht, sie stellte Landtagsabgeordnete im Volksstaat Hessen und Stadtverordnete in Offenbach.

Mitglieder der SAP waren aktiv im antifaschistischen Kampf. Im französischen Exil beteiligte sich die SAP (u.a. durch Willy Brandt) im Februar 1936 in Paris an den Beratungen des Deutschen Volksfront-Kongresses. Nach 1945 wurden die meisten SAP-Anhänger im Westen wieder Mitglieder der SPD.

Ein Jahr darauf verbrachte unsere Jugendgruppe Pfingsten in einem Zeltlager im Spessart. Wir versorgten uns mit Stroh für das Nachtlager. Eine andere Jugendgruppe stieß zu uns und baute auch ihre Zelte auf. Einer von ihnen kroch gegen Abend in unser Zelt und ich dachte, er wollte sich an unsere Mädchen heranmachen. Nein, er wollte nur sprechen, vor allem mit mir. Sie seien eine kommunistische Jugendgruppe. Spät in der Nacht hatte er mich überzeugt, Jungkommunist zu werden. Seit damals, ich war 15 Jahre alt, gehöre ich der kommunistischen Bewegung an. Im Frankfurter Stadtteil Bornheim war ich Mitglied der Gruppe des KJV und – schwuppdiwupp – bekam ich schon Funktionen. Sie machten mich zum »Lit-Obmann«, verantwortlich für den Literaturvertrieb, ein ziemlich mühseliges Geschäft. Da erst begann eigentlich mein politisches Engagement: mit der Teilnahme an politischen Demonstrationen, mit Verteilen von Flugblättern, in denen immer wieder die Hauptlosung stand: »Wer Hitler wählt, wählt den Krieg«. Oder als Hindenburg, der wie Hitler und Ernst Thälmann (der Vorsitzende der KPD) Kandidat bei der Reichspräsidentenwahl wurde: »Wer Hindenburg wählt, wählt Hitler und Hitler bedeutet Krieg!« Schon bald hat sich dies in erschreckendem Maße bewahrheitet!

Hindenburg, Hitler, Thälmann

Zur Reichspräsidentenwahl von 1932 traten mehrere Kandidaten an. Zu den drei wichtigsten gehörte Paul von Hindenburg, der seit 1925 dieses Amt innehatte. Als ehemaliger Generalfeldmarschall und Chef der Obersten Heeresleitung, was de facto einem Generalstabschef entsprach, im Ersten Weltkrieg, war er extrem konservativ und monarchistisch eingestellt. Als »Sieger von Tannenberg« wurde er in der Weimarer Republik zu einer Symbolfigur für die antirepublikanischen und militaristischen Kreise. 1932 erhielt er als Kandidat der gemäßigten bürgerlichen Parteien und der SPD im entscheidenden zweiten Wahlgang 53 Prozent der Stimmen.

Als faschistische Alternative trat Adolf Hitler bei dieser Wahl an. Er wurde von der NSDAP und im zweiten Wahlgang zudem von der DNVP (»Stahlhelm«) unterstützt. Dabei erreichte er gut 36 Prozent der Stimmen.

Mit der Losung »Wer Hindenburg wählt Hitler! Wer Hitler wählt, wählt den Krieg!« schickte die KPD ihren Vorsitzenden Ernst (»Teddy«) Thälmann als Kandidat in die Wahl. Er erhielt im ersten Wahlgang mehr als 13 Prozent, im zweiten Wahlgang über 10 Prozent der Stimmen.

Mit der Hitlerjugend (HJ), die einen immer größeren Zulauf bekam, gab es Straßenschlachten. Manchmal hatte ich Gelegenheit,
mit einzelnen Mitgliedern der Hitlerjugend zu diskutieren. In der
Berufsschule zum Beispiel saß ich neben einem Schulkameraden,
mit dem ich befreundet war. Er war ein aktives Mitglied der HJ.
Wir diskutierten viel miteinander, manchmal verriet er mir, welche
Aktionen sie vorhatten. Zum Beispiel wollten sie in einem Kino, in
dem der Antikriegsfilm »Im Westen nichts Neues« lief, Eier, gefüllt
mit roter Farbe, an die Leinwand werfen. Das konnte ich rechtzeitig
weitergeben. Ja, unsere KJV-Gruppe wurde sogar von einem HJ-
Scharführer eingeladen, in seiner Gruppe über unsere unterschiedlichen politischen Programme zu diskutieren. Es war Anfang des
Jahres 1932.

Wir zogen also mit etwa 20 Jungkommunisten in das HJ-Lokal
und saßen mit etwa 30 Mitgliedern der Hitlerjugend zusammen. Wir
hatten zwei Referate vereinbart, mit denen jeder sein Programm vorstellen sollte. Der Scharführer stellte allerdings eine Bedingung: Der
Redner der Jungkommunisten dürfe kein Jude sein. Aber unser ge-
wiefter und schlagfertiger Wortführer war ein Jude. Man kannte ihn
nur als Norbert. Seinen wirklichen Namen erfuhr ich erst, als er 1945
nach fast 10-jähriger KZ-Haft aus Buchenwald kam: Emil Carlebach.
Er entlarvte das Naziprogramm und seine soziale Demagogie und
stellte überzeugend dar, was die Kommunisten wollten; für die Hitlerjugend ein niederschmetterndes Erlebnis. Wir gingen friedlich auseinander. Tage später erfuhren wir, dass der Oberscharführer der HJ
verboten hat, in Zukunft gemeinsame Diskussionen mit Kommunisten
zu führen.

Nie vergesse ich den 20. Juli 1932 und die Tage darauf. Es war der
sogenannte Papen-Staatsstreich.

Am anderen Tag war ich mit dabei, den Aufruf der KPD zu
verteilen, dessen Schlagzeilen waren: »Jetzt Aktionseinheit der
Kommunisten und Sozialdemokraten gegen den Staatsstreich. Aufruf
zum Generalstreik!« Die KPD wie auch die SPD hatten zu Massen-
kundgebungen aufgerufen, aber getrennt. Ich bin mit den Flugblättern
zur SPD-Kundgebung beordert worden, um dort unsere Flugblätter

Papen und Staatsstreich

Franz von Papen war vom Juni bis November 1932 Reichskanzler, jedoch ohne parlamentarische Zustimmung. Seine
Einsetzung erfolgte durch den Reichspräsidenten Hindenburg. Papen regierte weitgehend mit Hilfe der von Hindenburg unterzeichneten »Notverordnungen«. Um den Einfluss
der SPD und ihre Macht in Preußen zu brechen, ließ er sich
von Reichspräsident Hindenburg per Notverordnung zum
Reichskommissar berufen und verfassungswidrig dazu bevoll-
mächtigen, am 20. Juli 1932 die sozialdemokratisch geführte
preußische Landesregierung abzusetzen, angeblich um die
gefährdete »öffentliche Sicherheit und Ordnung« in Preußen
wiederherzustellen. Dies stellte einen Staatsstreich dar, der
auch als »Preußenschlag« bezeichnet wird.

Während die KPD und andere linke Gruppen anlässlich
dieses »Staatsstreichs von oben« einen gemeinsamen Aufruf aller Arbeiterorganisationen zum Generalstreik forderten,
wandte sich die SPD an den Staatsgerichtshof, der jedoch den
Verfassungsbruch nachträglich legitimierte.

Mit ihrem Staatsstreich hatte sich die Reichsregierung auch
die Macht über die hochgradig militarisierte preußische Polizei
gesichert.

zu verteilen und für ein Zusammengehen zu werben. Sie sind mir
aus den Händen gerissen und zerrissen worden; und mich hat man
hinausgeworfen. So unüberbrückbar war die Kluft. In diesem Flugblatt wurde vor der angewachsenen faschistischen Gefahr gewarnt
und es gab den Appell, jetzt gemeinsam der Gefahr zu begegnen und
sich an jene Zeit zu erinnern, als beim ersten faschistischen Putsch
– Kapp-Putsch 1920 – SPD und KPD und die Gewerkschaften im
Generalstreik zusammengestanden und innerhalb von drei Tagen den
Putsch hinweggefegt hatten.

Kapp-Putsch

In der Nacht vom 12. zum 13. März 1920 putschten Freikorps
und Einheiten der Reichswehr unter General von Lüttwitz gegen
die Reichsregierung in Berlin, die von der SPD, der katholischen
Zentrumspartei und der liberalen DDP getragen wurde. Diese
Regierung hatte die Anerkennung des Versailler Vertrages durchgesetzt, durch den u.a. die Truppenstärke der Reichswehr auf
100.000 Mann verringert werden sollte. Dies war der unmittel-
bare Anlass zum Putsch. Zum neuen »Reichskanzler« wurde
Wolfgang Kapp ernannt. Während die Reichswehrführung unter
dem General von Seeckt sich weigerte, ihrer verfassungsmäßigen
Pflicht nachzukommen und die Regierung zu schützen (»Reichswehr schießt nicht auf Reichswehr«, lautete die Begründung),
wurde durch einen Generalstreik, zu dem Sozialdemokraten,
Gewerkschafter und Kommunisten aufgerufen hatten, das Land
und die gesamte Infrastruktur lahm gelegt. Damit gelang es, eine
Etablierung der Macht der Putschisten zu verhindern. Am 17.
März 1920 floh Kapp nach Schweden. Der Putsch war am gemeinsamen Handeln der Arbeiterbewegung gescheitert.

Aber jetzt wurde nicht gemeinsam gehandelt und so konnte »1933«
nicht verhindert werden.

Wenn ich in Versammlungen und Kundgebungen gegen die Um-
triebe der Neonazis spreche, appelliere ich: Vergesst nicht unsere bitterste
Erfahrung! Die Faschisten sind nicht an die Macht gekommen, weil sie
stärker waren als ihre Gegner, sondern weil wir uns nicht rechtzeitig
zusammengefunden haben. Wenn die starke SPD, deren Anhänger
klassenbewusst und kämpferisch waren, mit ihrer paramilitärischen
Formation »Reichsbanner« und die KPD mit ihrem »Rotfrontkämpfer-
bund« und die starken Gewerkschaften zusammengestanden hätten,
wäre Hitler 1933 nicht an die Macht gekommen. Es gab zu der Zeit
kaum einen Industriearbeiter, der nicht in der Gewerkschaft organisiert

war. Selbst nach Hitlers Machtergreifung erwarteten die meisten Sozialdemokraten und Gewerkschafter den Aufruf zum Generalstreik. Sie
standen »Gewehr bei Fuß«. Aber der Aufruf kam nicht, obwohl es
bereits vor allem in der Stuttgarter Region zu politischen Streiks gekommen war. Heute weiß man: Als nach dem 30. Januar zum ersten
Mal die Hitlerregierung zusammentrat, – mit Hugenberg von der
Deutschnationalen Volkspartei noch eine Koalitionsregierung –, war
der erste Punkt auf der Tagesordnung die Frage, ob es zum Generalstreik kommen werde. Davor zitterte Hitler. Deshalb erkläre ich in
meinen Reden: 1933 wäre verhindert worden, wenn alle Hitlergegner
die Einheitsfront geschaffen hätten. Dass sie nicht zustande kam, dafür
gab es für die Hitlergegner in der Generation meiner Eltern nur eine
einzige Entschuldigung: Sie hatten keine Erfahrung, was Faschismus
bedeutet, wenn er einmal an der Macht ist. Aber heute haben wir alle
diese Erfahrung, heute muss jeder wissen, was Faschismus bedeutet.
Für alle zukünftigen Generationen gibt es keine Entschuldigung mehr,
wenn sie den Faschismus nicht verhindern.

Hugenberg

Alfred Hugenberg (1865-1951) beherrschte als Medienunter-
nehmer den deutschen Zeitungs- und Medienmarkt in der
Weimarer Zeit. Sein Medienkonzern bestand aus Verlagen, Nach-
richtenagenturen, Werbefirmen, Korrespondenzdiensten, der
Ufa-Filmgesellschaft mit »Wochenschau« und diversen Zeitungs-
beteiligungen. Er war Mitbegründer der Deutschnationalen
Volkspartei (DNVP) und Verbündeter Hitlers. Gemeinsam mit
der NSDAP schmiedete er mit der »Harzburger Front« ein
Bündnis von DNVP, NSDAP und militaristischen Verbänden
sowie Vertretern höchster Wirtschaftskreise. Am 30. Januar 1933
wurde Hugenberg zum Wirtschaftsminister in Hitlers erstem
Kabinett ernannt. Sein demagogischer Werbeslogan von 1933
»Sozial ist, was Arbeit schafft«, wurde von der CDU/CSU in
den Jahren 2002/03 übernommen.

Welch ein Schock, als bekannt wurde, Hindenburg habe Hitler zum
Reichskanzler ernannt. Oft werde ich gefragt, wie ich diesen Tag erlebt habe. Es muss der 31. Januar gewesen sein, als ich im Zentrum
der Stadt SA-Kolonnen mit Standartenfahnen und Musikkapelle
marschieren sah. Sie hielten vor den öffentlichen Gebäuden, hissten
die Hakenkreuzfahne und spielten das Horst-Wessel- und das Deutsch-
land-Lied. Ich sah niemanden Beifall klatschen. Irgendwie hielt sich die
Bevölkerung zurück. Aber dann war ich erschrocken, als ich Polizisten
und an ihrer Seite SA-Männer sah, die den Revolver offen am Gürtel
trugen und gemeinsam patrouillierten. Da wusste ich, sie haben die
Macht. Zu Hause gab es aufgeregte Diskussionen. Noch hatte sich am
Alltag nichts geändert und das blieb auch so in den nächsten Tagen.
Ich weiß, dass auch unter Hitlergegnern in jüdischen Kreisen die Ereignisse noch nicht sehr ernst genommen wurden. Allgemein hörte
man: Das wird nur vorübergehend sein, denn was Hitler versprochen
hat, wird er eh nicht halten können. Dann kommen Neuwahlen,
Hindenburg wird einen neuen Kanzler ernennen. So war man es gewohnt. War doch in den letzten Jahren ein Kanzler nach dem anderen
ersetzt worden. Der Sozialdemokrat Hermann Müller durch Brüning,
dann Papen, dann Schleicher, jetzt nun eben Hitler als Vorsitzender
der größten Partei, zu der die NSDAP inzwischen geworden war.

Präsidialkabinette

In ihren letzten Jahren wurde die Weimarer Republik von
Reichskanzlern und Regierungen geleitet, die über keine
parlamentarische Mehrheit verfügten. Eingesetzt von Reichspräsident von Hindenburg arbeiteten diese Regierungen ohne
Zustimmung bzw. Unterstützung des gewählten Reichstags.
Nach Abstimmungen, mit denen das Parlament der Regierung
ihr Misstrauen aussprach, wurde eher der Reichstag aufgelöst,
als die Regierung gewechselt.
Im März 1930 begann die Phase dieser Präsidialkabinette

mit dem Reichskanzler Heinrich Brüning, im Juni 1932 folgte
Franz von Papen als Reichskanzler und im November 1932
General Kurt von Schleicher.

Auf der Grundlage dieser verfassungswidrig angewandten
Möglichkeit (Artikel 48 der Weimarer Reichsverfassung) er-
nannte Paul von Hindenburg am 30. Januar 1933 auch Adolf
Hitler zum Reichskanzler, was einen weiteren Verfassungsbruch
darstellte. Mit dieser Machteinsetzung begann die faschistische
Herrschaft in Deutschland.

Großindustrie und Bankmagnaten hatten Hindenburg empfohlen,
die Regierungsgewalt der Hitlerpartei zu übergeben. Hitler nannte das
»Machtergreifung«, nationale Revolution, die Errichtung des Dritten
Reiches, »das Tausendjährige Reich«. Die Massen seiner Anhänger
glaubten tatsächlich daran, vor allem an die Verwirklichung des
Sozialismus, der ein nationaler sei. Der Führer war für große Massen
die einzige Hoffnung in jener Zeit der großen Arbeitslosigkeit: Zwölf
Millionen hatten die Nazipartei gewählt, Hunderttausende waren in
der SA straff organisiert, Zehntausende in der Hitlerjugend. Ich mache
kein Hehl daraus: Wenn ich vor Jugendlichen in meinem damaligen
Alter spreche, sage ich ihnen, auch ich hätte ein begeisterter Anhänger der Hitlerjugend sein können, wenn ich anderer Abstammung
gewesen, aus einem anderen Milieu gekommen, anders beeinflusst
worden wäre. Dass vielleicht euer Großvater oder Urgroßvater in der
Hitlerjugend waren oder die Urgroßmutter im Bund deutscher Mädel
(BDM), daraus allein würde ich niemandem einen Vorwurf machen.

Allmählich setzte der Terror ein und in meiner Familie machte
sich die Angst breit. Am 28. Februar 1933 ging ich quer durch die
Innenstadt zu meiner Arbeitsstelle. Ich kam vor den Kaufhof Wronko,
mitten auf der Zeil, und sah eine Traube von Menschen vor einem
Mitteilungskasten stehen. Darin war ein Zettel angeschlagen, auf dem
stand: Kommunisten haben den Reichstag in Brand gesetzt, ein Fanal
des kommunistischen Aufstandes.

Reichstagsbrand

In der Nacht zum 28. Februar 1933 zündeten SA-Angehörige das Gebäude des Berliner Reichstags an. In der BRD wird deren Täterschaft in einflussreichen Medien und Publikationen bis heute geleugnet. Sie ist aber neuerdings anhand überzeugender Indizien ein weiteres Mal nachgewiesen worden (vgl. Alexander Bahar/ Wilfried Kugel: Der Reichstagsbrand. Wie Geschichte gemacht wird, Berlin 2001). Öffentlich erklärte Hermann Göring bereits während des Feuers, es handele sich um ein »kommunistisches Fanal« zum Aufstand gegen die Hitlerregierung. Die zeitliche Nähe der Brandstiftung zu den Reichstagswahlen Anfang März 1933 veranlasst aber selbst solche Historiker, die die Hintergründe des Reichstagsbrandes noch immer nicht als geklärt behaupten und nach wie vor in van der Lubbe einen auf eigene Faust handelnden Einzeltäter sehen, darauf hinzuweisen, dass die NSDAP massive Gegenwehr in Form eines Generalstreiks fürchtete. Der Reichstagsbrand wurde von ihr dazu genutzt, die KPD auszuschalten. Am 28. Februar veröffentlichte Reichspräsident von Hindenburg die Notverordnung »zum Schutz von Volk und Staat«, mit der die demokratischen Grundrechte der Weimarer Verfassung außer Kraft gesetzt wurden. In einer groß angelegten Verhaftungswelle wurden in den folgenden Tagen im ganzen Reich 10.000 Nazigegner, in erster Linie Mitglieder und Funktionäre der KPD, inhaftiert.

Als Brandstifter präsentierte die faschistische Justiz den Niederländer Marinus van der Lubbe. Ihm wurde gemeinsam mit führenden Funktionären der KPD und der Kommunistischen Internationale (u.a. Georgi Dimitroff) im September 1933 der Prozess gemacht. Der Prozess, der als »Schauprozess« angelegt war, endete für die Nazis kläglich. Die Anklage brach in sich zusammen, die kommunistischen Angeklagten mussten freigesprochen werden. Nur van der Lubbe wurde wegen »Hochverrats und aufrührerischer Brandstiftung« zum Tode verurteilt.

In der Menge stand ein SA-Mann, der auf diesen Zettel ein Hakenkreuz geklebt hatte. Ich öffnete den Kasten für Plakatanschläge und entfernte im Beisein der Menge das Hakenkreuz. Das war sozusagen meine erste Tat des »Widerstands«. Doch musste ich sofort die Flucht ergreifen, denn der SA-Mann versuchte mich festzuhalten. Ich konnte mich losreißen, und er war nicht in der Lage, mich einzuholen. Später erfuhr ich von den Verhaftungen vieler Kommunisten. In unserem Lokal konnten wir Jungkommunisten uns nicht mehr treffen. Wir richteten uns auf die Illegalität ein. Wir vereinbarten Treffs, möglichst nicht in einer Wohnung, und begannen zu besprechen, was wir tun könnten. In konspirativer Tätigkeit hatten wir keine Erfahrung. Im Keller, bei einem zuverlässigen Jungkommunisten in der Altstadt, besaßen wir ein Reneo-Gerät, einen Abziehapparat. Damit konnten wir die auf Matrizen geschriebenen Losungen gegen Hitler vervielfältigen, die wir dann als Streuzettel in den Kaufhäusern von den obersten Galerien hinunterwarfen oder abends unter den Türen durchschoben.

So ungefähr begann unter den Jungkommunisten der Widerstand. Nicht jeder machte mit, von manchem Genossen, der früher auf mich einen starken Eindruck gemacht hatte, war ich enttäuscht, wenn ich erfuhr, dass er zur Hitlerjugend übergewechselt war. Nun gab es bereits auch unter der jüdischen Bevölkerung einzelne Verhaftungen. Darunter war mein Onkel, ein Geschäftsmann. Er kam aber nach wenigen Wochen wieder heraus und erzählte Fürchterliches über die Schläge, die er erhalten hatte. Am 2. Mai 1933 waren die Gewerkschaften zerschlagen, viele Gewerkschaftsfunktionäre verhaftet; bald darauf wurde die SPD verboten, schließlich alles, was sich nicht anpasste.

Gewerkschaftsauflösung und SPD-Verbot

Die Organisationen der Arbeiterbewegung, die Parteien und Gewerkschaften, waren als erste vom faschistischen Terror betroffen. Die KPD war seit dem Reichstagsbrand faktisch in der Illegalität, die freien Gewerkschaften und ihre Anhänger wurden im März und April immer wieder angegriffen, bis am 2. Mai 1933 sämtliche Gewerkschaftshäuser von SA und NSBO (Nationalsozialistische Betriebszellenorganisation) besetzt wurden. Der Allgemeine Deutsche Gewerkschaftsbund (ADGB), obwohl zu weitgehenden Zugeständnissen an die NS-geführte Regierung bereit, wurde dennoch »gleichgeschaltet«, damit faktisch zerschlagen und durch eine »Deutsche Arbeitsfront« (DAF) als Zwangsorganisation ersetzt. Die SPD konnte unter großen Einschränkungen noch bis zum Mai 1933 halblegal agieren, während viele Mitglieder und Funktionäre schon verfolgt wurden. Am 22. Juni 1933 wurde auch sie offiziell als staatsfeindliche Partei verboten.

Im Sommer entschlossen sich meine Eltern, nach Frankreich zu emigrieren. Dorthin war schon jener früh verhaftete Onkel mit seiner Familie geflohen. Sie hatten Unterkunft in Paris gefunden und drängten meine Eltern, ihnen zu folgen. Man konnte in diesem Jahr noch legal ausreisen. Aber man musste illegal nach Frankreich einreisen, weil es keine Chance gab, ein französisches Visum zu erhalten. Möglich war der Weg über das Saarland, das seinerzeit den Status Quo hatte, d. h. laut Versailler Vertrag gehört es weder zum Deutschen Reich noch zu Frankreich.

Dort konnte man ohne weiteres einreisen. Irgendwie wurde dann von Saarbrücken aus die ganze Familie über die Grenze gebracht. Genaueres weiß ich nicht. Meine Eltern konnten einen Teil ihrer Möbel nach Paris verfrachten lassen. Ein Kontrolleur kam in unsere Wohnung, durchsuchte das gesamte Gepäck, das verfrachtet und versiegelt wurde, blätterte sämtliche Bücher durch, um eventuell versticktes Geld zu entdecken, denn damals, genau weiß ich es nicht mehr, durfte pro Person nur eine kleine Summe Reichsmark ins Ausland mitgenommen werden. Von der ganzen Familie blieb nur ich allein zurück, um – wie schon beschrieben – Außenstände einzutreiben. Da musste ich oft wochenlang in Aschaffenburg leben und

Saarland und Status Quo

Das Saargebiet war seit dem Versailler Vertrag von Deutschland abgetrennt und stand mit einem Mandat des Völkerbundes unter französischer Verwaltung. Dieses Saarstatut galt für 15 Jahre. Nach 1933 errichteten die im Deutschen Reich illegalisierten Organisationen und Parteien der Arbeiterbewegung im Saargebiet Stützpunkte und Grenzübergangsstellen, um von hier aus den Widerstand in Deutschland zu unterstützen und verfolgten Antifaschisten bei ihrer Emigration zu helfen. Seit 1934 kämpften demokratische und linke politische Kräfte für den Erhalt des »Status Quo« (die Beibehaltung des Völkerbundmandats und der französischen Verwaltung) bis zur Beendigung der Hitler-Herrschaft in Deutschland.

habe dadurch manchen Kontakt mit unserer illegalen Gruppe verloren. An einem heißen Sommertag fuhr ich von Frankfurt mit dem Rad wieder nach Aschaffenburg. In der Höhe von Offenbach geriet ich in eine Razzia der SA, die jeden kontrollierte. Sie durchsuchte mein Gepäck, fand nichts Verdächtiges – außer meinem polnischen Pass. Meine Eltern hatten ihre polnische Staatsangehörigkeit behalten. Nach dem deutschen Staatszugehörigkeitsgesetz erhielten die Kinder immer die Staatsangehörigkeit der Eltern, obwohl wir Kinder alle hier in Deutschland geboren waren.

Da hatte die SA endlich etwas gefunden, nachdem sie bislang vergeblich in der brütenden Hitze die Vorübergehenden kontrolliert und durchsucht hatte. Der polnische Pass genügte, um mich zu verhaften. Sie brachten mich ins Offenbacher Polizeigefängnis. Nun schmorte ich tagelang in meiner Zelle, in die laufend neue Verhaftete hereingebracht wurden. Sie sagten mir, sie seien Kommunisten und kämen in das Konzentrationslager Osthofen. Ich hatte keine Ahnung, wo Osthofen liegt. Anna Seghers hat später über dieses Lager, das sie verfremdet Westhofen nannte, den ersten und bedeutendsten

Widerstandsroman »Das siebte Kreuz« geschrieben. Die Gedächtnisstätte habe ich inzwischen öfter besucht, meist mit den beiden noch
lebenden ehemaligen Insassen des KZs, Philipp Wahl und Philipp
Benz. Osthofen liegt bei Worms.

Nach mehreren Tagen, ich war fast zwei Wochen in der Zelle,
wurde ich endlich vernommen. Es ging höflich zu, keine Bedrohung,
keine Schläge. Sie erfuhren von mir, dass unsere gesamte Familie
emigriert sei. Ich wurde einige Tage darauf entlassen mit der Auflage,
in einer bestimmten Frist das Land zu verlassen. So weit ich mich
erinnern kann, hatte ich auch das ungefähre Datum meiner Aus-
reise angegeben. Denn als ich in den Zug von Frankfurt nach Saarbrücken stieg, war in meinem sonst leeren Abteil ein Mann ohne
jedes Gepäck, der bis zur saarländischen Grenze mitfuhr. Offenbar
beobachtete er mich. In Saarbrücken begab ich mich zu einem
kleinen Schreibwaren- und Zigarettengeschäft, dessen Adresse ich
irgendwie bekommen hatte. Eine Frau im mittleren Alter nahm sich
meiner an und organisierte, dass ich mit einem PKW über die Grenze
nach Forbach gebracht wurde. Erst nach dem Kriege erfuhr ich, dass
diese Frau die ehemalige Frankfurter SPD-Stadtverordnete Johanna
Kirchner war. Ihre Spezialaufgabe war die Organisierung von Grenz-
übergängen, das Herüber- und Hinüberschleusen. Das tat sie auch
eine Zeitlang auf französischer Seite, als das Saarland 1935 durch eine
Volksabstimmung ins Deutsche Reich kam. Später setzte sie diese
Tätigkeit an der spanischen Grenze für alle fort, die den Weg zur internationalen Brigade, zur Verteidigung der spanischen Republik gegen
den faschistischen Putsch suchten. Im besetzten Frankreich wurde
Johanna Kirchner verhaftet, vor den »Volksgerichtshof« gebracht,
zum Tode verurteilt und im Herbst 1944 hingerichtet.

Seit Anfang der 90er Jahre hat die Stadt Frankfurt unter dem
damaligen sozialdemokratischen Oberbürgermeister Andreas von
Schoeler alle noch lebenden Frauen und Männer, die zum Frankfurter Widerstand gehörten, mit der Johanna-Kirchner-Medaille aus-
gezeichnet. Es hat mich tief berührt, dass auch meine Frau und ich mit
der Medaille geehrt wurden, die den Namen jener Frau trägt, die mich
aufgenommen und 1933 über die französische Grenze geschleust hatte.

Emigration und Widerstand in Frankreich und Italien

Emigration – prägende Jahre

Doch wie dramatisch auch die Umstände waren, gleichzeitig war es für mich als damals 17-Jährigen auch spannend, ja sogar ein Abenteuer, Frankreich, Paris und den Eiffelturm zu sehen. Wer hätte nicht davon geträumt? Es war aufregend für mich: Wie würde ich mich in einem fremden Land zurechtfinden, ohne ein Wort Französisch sprechen zu können? An der saarländischen Grenze wurde alles Gepäck, auch alles, was ich in meinen Taschen bei mir trug, gründlich gefilzt, denn ich durfte nicht mehr als 10 RM ins Ausland mitnehmen. Ich hatte aber doch eine größere Summe bei mir, das Geld, das ich von den Restschulden der Kunden meiner Eltern noch hatte eintreiben können. Es waren zwei oder drei Hundertmarkscheine. Die haben sie bei mir nicht entdecken können. Ich hatte den Teig aus mehreren Brötchen entfernt, im ausgehöhlten Raum die Scheine untergebracht, etwas Teig darüber und darauf den Belag gelegt. Mein Verzehr für unterwegs. Auch die Brötchen hatten sie in ihren Händen, aber sie schöpften keinen Verdacht. So konnte ich von Forbach eine Fahrkarte nach Paris kaufen. Die Familie benötigte dringend das mitgebrachte Geld, für sie war es ein kleines Vermögen. Meine Eltern machten sich bittere Vorwürfe, dass sie mich allein in Deutschland zurückgelassen hatten, als sie von meiner Verhaftung erfuhren. Wie glücklich waren sie, dass ich wieder bei ihnen war.

Ich fand meine Familie in einer kleinen, bescheidenen Wohnung im ärmsten Viertel von Paris, im 20. Arrondissement, in einer Nebenstraße der Rue de Ménilmontant. Die achtköpfige Familie war eng zusammengedrängt – und von irgendetwas musste sie leben. Ich erfuhr, dass niemand eine endgültige Aufenthaltsgenehmigung hatte, daher auch keine Arbeitserlaubnis, nur ein »Récépissé«, ein vorläufiges Aufenthaltspapier für drei Monate. Das bedeutete, nach Ablauf des Datums das Land verlassen zu müssen – eine verzweifelte Situation für unsere Familie. Im Unterschied zu meiner Mutter, die von Natur optimistisch, ja, hoffnungsfroh war, sah mein Vater unsere Lage als trostlos an und war pessimistisch. Er dachte daran, nach Südamerika auszuwandern, aber auch an Selbstmord. Gegen Ablauf unserer Aufenthaltsfrist wanderten wir, die ganze Familie, zur Préfecture de Police (Polizeipräsidium), um eine Verlängerung unseres Aufenthalts zu erbitten. Es war ein Bangen und Zittern. Der Beamte sah die Eltern mit sechs Kindern, verlängerte mit einem Stempel den Aufenthalt um weitere drei Monate. Das wiederholte sich regelmäßig bis zum Jahre 1935. Mit der Veränderung der politischen Situation in Frankreich, der Entstehung der Volksfront-Regierung mit dem Ministerpräsidenten Léon Blum, erhielten wir die endgültige Aufenthaltserlaubnis. Welch ein Aufatmen! Nun besaßen wir die Carte d'Identité. Damit auch die Arbeitserlaubnis. Natürlich hatten wir auch ohne diese illegal gearbeitet. Als Schneider fand mein Vater immer Arbeit, auch meine drei Brüder hatten Gelegenheitsarbeiten wie auch meine beiden Schwestern.

Französische Volksfront-Regierung

Auch in Frankreich gewann die faschistische Bewegung Anhänger. Im Februar 1934 scheiterten die »Feuerkreuzler« mit einem Putsch gegen die Regierung. Diese offene faschistische Gefahr förderte das Zusammengehen aller linken Parteien in Frankreich. Aus den Wahlen zur französischen Nationalversammlung im Mai 1936 ging ein linkes Bündnis von Sozialisten, Kommunisten und der linksbürgerlichen sogenannten Radikalsozialisten als Wahlsieger hervor. Als der neue Ministerpräsident Léon Blum Anfang Juni 1936 sein Amt antrat, hatten sich die die Volksfront unterstützenden Massen insbesondere durch Streiks auf die Durchsetzung zahlreicher sozialer Forderungen, z. B. 40-Stunden-Woche, Recht auf bezahlten Urlaub, Anerkennung von Betriebsräten und deutliche Lohnerhöhungen vorbereitet. So konnte die Volksfront-Regierung, gegen den Widerstand der »patrons«, der Unternehmer, und getragen vom Enthusiasmus ihrer Wähler, innerhalb kurzer Zeit die Grundlagen eines modernen sozialen Rechtsstaates schaffen.

Der kurz nach dem Regierungsantritt Léon Blums beginnende spanische Bürgerkrieg führte zu Spannungen innerhalb der Volksfront. Die Kommunisten waren dafür, den spanischen Republikanern die militärische Hilfe zu leisten, die Hitler und Mussolini den Putschisten unter General Franco gewährten. Die anderen Kräfte in der Volksfront waren teils dagegen, teils unentschlossen.

Das mit Frankreich verbündete England verlangte eine Nichteinmischung (Nonintervention), während Léon Blum dazu tendierte, den Schmuggel leichter Waffen zu dulden. Er entschied sich aber für ein Nichteinmischungsabkommen, dem neben England auch Italien und Deutschland beitraten, die dabei jedoch ihre Unterstützung der spanischen Faschisten nicht im geringsten einstellten. Dies trug wesentlich zum Auseinanderbrechen der Volksfront und ihrer Regierung bei.

Im Juni 1937 trat Léon Blum auf Druck der politischen Rechten als Ministerpräsident zurück. Sein Nachfolger wurde Edouard Daladier, der jedoch mit den sozialpolitischen Ideen der Volksfrontregierung nichts mehr zu tun hatte.

Mein Bruder Leo und ich hatten das Glück, eine Beschäftigung beim »Pariser Tageblatt« zu finden, für technische Arbeiten, meist als Laufburschen, für alle Wege, die die Redaktion brauchte. Manuskripte zur Druckerei bringen, Depeschen holen usw. Das »Pariser Tageblatt« war eine liberale antifaschistische Tageszeitung, geleitet von dem bekannten Journalisten Georg Bernhard, der für die Journalistenschule als Klassiker galt. Er war bis zu seiner Emigration Chefredakteur der »Vossischen Zeitung« in Berlin gewesen und gründete mit Unterstützung des weißrussischen Verlegers Poliakov das »Pariser Tageblatt«. Über die Geschichte dieser Zeitung hat Lion Feuchtwanger in seinem Roman »Exil« geschrieben. In ihm kommt ein Kapitel vor mit dem Titel »Gingold«. Diese Person spielt in dem Roman eine ekelhafte Rolle als Verleger des »Pariser Tageblatts«, der sich von der Gestapo erpressen lässt. Da seine Tochter in den Händen der Gestapo war, kollaborierte er mit den Nazis. Als vor Jahren das Fernsehen das Buch in drei Teilen verfilmte, lief ein Teil an einem Abend unter dem Titel »Gingold«. Danach bekam ich laufend Anrufe und musste immer wieder schwören, dass ich nicht dieser Gingold bin. Wieso Lion Feuchtwanger meinen eher ungewöhnlichen Namen für eine solche Negativfigur benutzt hat, kann ich mir nur so erklären, dass er öfter in der Redaktion gewesen war und in seinem Gedächtnis der Name Gingold hängen geblieben ist.

Noch in der Zeit, als wir ohne Aufenthalts- und Arbeitserlaubnis waren und nach Möglichkeiten der Existenzsicherung suchten, sagte eines Tages meine Mutter: »Kinder, ich kann nicht viel, aber ich kann kochen. Wir machen ein Restaurant auf.« Ich suchte hierfür eine geeignete Wohnung. Lief durch die Straßen im 4. Arrondissement, das vorwiegend von der jüdischen Bevölkerung bewohnt war. Schaute überall nach, wo ein Plakat hing: »A louer/zu vermieten.« Ich konnte mich schon ganz gut auf Französisch verständigen. So fand ich in diesem Viertel eine für unser Restaurant geeignete Wohnung mit einem großen Raum. Tische und Stühle wurden beschafft und in jüdischen Kreisen die jiddische Küche bekannt gemacht. Schnell hatte sich herumgesprochen: »Billig und wie zu Hause gekocht.« Das entsprach genau dem Geschmack der jüdischen Menschen. Meine Mutter kochte gemischt: polnisch, deutsch und französisch. Die ganze

Familie, außer meinem Bruder und mir, die beim »Pariser Tageblatt« beschäftigt waren, arbeitete mit.

Am Freitag gab es immer Karpfen in einer Art Pfannkuchenteig mit Zwiebeln. Es war das Allerköstlichste! Nach zwei Wochen standen die Leute zum Mittagessen Schlange. Ich erinnere mich an den Preis: Es kostete damals 4 Francs, üblich waren 6 bis 7 Francs. Dafür gab es ein ganzes Menü mit Wein und Brot.

Es war für unsere solidarische Mutter allzu selbstverständlich, dass wir den einen oder anderen der ganz Hungrigen aus unserer Jugendgruppe in unser Restaurant einluden. Hermann Axen konnte sich oftmals bei uns satt essen. Ein anderer, der führende Leiter unserer Gruppe, war tagtäglich zu Gast bei unserer Familie, er gehörte sozusagen zu unserer Familie. Als mit dem Beginn der deutschen Besatzung die französische Polizei die Wohnung meiner Eltern kontrollierte und außer mir alle am Tisch beim Essen waren, auch unser Gast, der als ehemaliger Spanienkämpfer illegal in Frankreich lebte, und als die Eltern die Anzahl ihrer Kinder angeben mussten, ist er als Familienmitglied mitgezählt worden. Die Zahl stimmte jedenfalls, so war er also der Gefahr entkommen, verhaftet zu werden. Die Markthalle, der »Bauch von Paris«, wie von Zola geschildert, war nicht sehr weit von uns entfernt. Mit einem kleinen Wägelchen ging meine Mutter frühmorgens dorthin. Die Händler waren dann bereits beim Aufräumen. Da konnte sie das übrig gebliebene Obst und Gemüse ganz billig einkaufen. Für die Mutter war es natürlich sehr mühselig, aber sie war in ihrem Element.

Später zog das Restaurant in eine andere Wohnung, in die Nähe des Boulevard St. Martin, 38, Rue des Bondy (heute: Rue René Boulanger), in die dritte Etage. Eine Wohnung, die noch besser für das Restaurant geeignet war. Die Tische waren mittags voll besetzt, ja fast immer warteten Gäste, standen Schlange, bis ein Tisch frei wurde.

Als Heinrich Mann im Jahre 1935 zur »Deutschen Volksfront« aufrief, fand eine der Versammlung der »Deutschen Volksfront« von deutschen Emigranten in Paris mit dem ehemaligen sozialdemokratischen Ministerpräsidenten Wilhelm Hoegner in unserem Restaurant statt. Die Menschen standen gedrängt, die Luft war entsprechend schlecht und kaum zu ertragen – und ich wurde ärgerlich darüber, dass man einen solch engen Raum ausgewählt hatte.

Ich suchte natürlich den Kontakt zu den jungen politischen deutschen Emigranten. Nach geraumer Zeit bekam ich den Tipp, das Büro des »Weltfriedenskongresses der Jugend« aufzusuchen. Dort würde ich jemanden finden, der zu den emigrierten Jungkommunisten gehörte. Ich betrat das Büro ganz euphorisch mit geballter Faust und mit lautstarkem: »Rot Front, Genossen!« Mehrere im Büro sahen mich erstaunt an. Daraufhin kam ein junger, bebrillter, schlanker Rothaariger auf mich zu und flüsterte mir ins Ohr, ich solle besser diesen Gruß sein lassen, die Wenigsten im Büro seien Kommunisten. Er wurde mit der Zeit zu meinem engsten Freund, mit dem ich später in der Résistance vieles gemeinsam durchgestanden habe. Wir wurden unzertrennlich. Es war Roman Rubinstein. Mitte der 90er Jahre habe ich für ihn die Grabrede gehalten. Roman führte mich in die Gruppe der emigrierten Jungkommunisten ein. In einem uralten Hinterhaus, in der Rue Richer 23, ungefähr gegenüber dem berühmten Varietéhaus »Folies Bergère«, war ein kleiner Raum gemietet, ausgestattet mit ausrangierten Sesseln und einem Sofa, aus dem die Sprungfedern hingen.

Auf diesem Sofa saß in den Jahren 1936/37 Bert Brecht; offenbar fand er keinen anderen Probenraum – und vielleicht hatte er auch nicht die Geldmittel für bessere Räume, um seine beiden Stücke zu proben, die er in Paris geschrieben hatte und die später uraufgeführt wurden: »Furcht und Elend des Dritten Reiches« und »Die Gewehre der Frau Carrar«. Erst Jahre danach erfuhren wir, dass er mit ganz berühmten Schauspielern geprobt hatte, darunter Steffi Spira, die uns bis dahin unbekannt war. Wir konnten zusehen, wie Bert Brecht mit seiner Nickelbrille und dem Zigarrenstumpen im Mund Regie führte. Mit jugendlicher Respektlosigkeit, ahnungslos, den größten Dramatiker des 20. Jahrhunderts vor uns zu haben, machten wir uns über das »Brechtmittel« lustig. Aber dann haben wir auch die Uraufführung der beiden Stücke sehen können und waren tief beeindruckt.

Wie wohl wir uns in unserem Heim fühlten, in dem wir häufig zusammenkamen! Es gab uns allen einen unglaublichen Halt. Wir waren etwa 30 bis 40 Jungen und Mädchen, die meisten waren nicht politisch, sondern rassistisch verfolgt; Wir betrachteten uns aber der deutschen kommunistischen Jugend zugehörig. Wir hatten unterschiedliche Tagessorgen. Einige, dazu gehörte ich, hatten nur eine provisorische Aufenthaltserlaubnis, einige waren ohne jegliche Papiere, lebten illegal, hatten keine Familie, die sie unterstützte, hungerten. Andere kamen aus wohlhabenden Familien, die keine finanziellen Sorgen hatten. Darunter z. B. Maximilian, der Sohn des bekannten Frankfurter Seidenhauses Schwarzschild, der nicht ohne seinen Hund ausging. Ihn hatten wir alle gern. Er war hochgebildet, fühlte sich hier zu Hause. Er hatte in der Diskussion nie politisch etwas auszusetzen, er korrigierte nur die Sprache. Auch das gefiel uns.

Mit dem »Heim ins Reich« des Saarlandes kamen saarländische Flüchtlinge nach Paris.

Saarabstimmung

Das Saargebiet war nach dem Ersten Weltkrieg durch den Versailler Vertrag Mandatsgebiet des Völkerbunds geworden. Die mit seiner Verwaltung betraute Völkerbundskommission wurde von Frankreich geleitet. Wie in den Versailler Vertragsbestimmungen vorgesehen, fand am 13. Januar 1935 im Saargebiet eine Volksabstimmung über dessen politischen Status statt. Die NSDAP bzw. ihre saarländische Vertretung propagierte die Losung »Heim ins Reich«. Die Arbeiterparteien und antifaschistische bürgerliche Kreise traten für den »Status quo« ein, die vorläufige Beibehaltung des Völkerbundmandats. Sie hatten jedoch gegen die nationalistische Propaganda, die von Deutschland massiv unterstützt wurde, keine Chance. Der Völklinger Industrielle Röchling, der Hitler unterstützte, sammelte die konservativen und faschistischen Kräfte in der »Deutschen Front«, die den Wahlkampf als patriotische »Entscheidung gegen Frankreich« ausrichtete. Über 90 Prozent der Saarländer stimmten für den Anschluss an das faschistische Deutschland. Am 1. März 1935 wurde das Saargebiet wieder Teil des Deutschen Reichs.

Einer von ihnen, Fritz Nikolay, den wir nur als Jacques kannten, wurde Leiter unserer Gruppe. Meine Geschwister, Fanny, David und Leo, nahmen mittlerweile am Leben unserer Gruppe teil. Wir hatten junge, erfahrene, hochgebildete Menschen unter uns, die auch zu meiner Fortbildung wie überhaupt der gesamten Gruppe beigetragen haben. Sie haben später in der Nachkriegsgeschichte sowohl in der damaligen DDR als auch in der alten Bundesrepublik politisch und kulturell eine einflussreiche Rolle gespielt. So z. B. Hermann Axen, später Politbüro-Mitglied der SED, der Lyriker Stephan Hermlin, der damals Rolf Leder hieß, Roman Rubinstein im Radio Berlin, Karl Obermann, der große Verdienste hat in der Forschung über die Revolution von 1848, Hermann Burckhardt, später Chefredakteur der »Berliner Zeitung«. Wesentlich beigetragen zu unserer politischen Festigung und politischen Befähigung hat die wissenschaftliche und politische Betreuung durch hervorragende Politiker und Wissenschaftler: Dazu gehörten die beiden Ökonomen Hermann Duncker und Johann Schmidt sowie Siegfried Rädel, ein führender Kommunist, den die Nazis später im Zuchthaus Brandenburg hinrichteten. Laszlo Radvanyi, verheiratet mit Anna Seghers, hielt Kurse über Kunst und Kulturgeschichte ab − bei Anna Seghers in der »Freien deutschen Bibliothek«, Boulevard Arago. Es kam auch mal Herbert Wehner, den wir damals als Kurt Funk kannten. Wichtig für uns war Anton Ackermann, der uns mit seinen scharfsinnigen politischen Analysen eine Orientierung gab. So ist es kein Zufall, dass unsere politisch gefestigte Gruppe gleich zu Beginn der Besetzung Frankreichs zu den ersten Mitgliedern der Résistance zählte.

Meine spätere Frau Ettie, ein zartes, junges, hübsches Mädchen, lernte ich in unserer Gruppe kennen. Sie kam aus der Bukowina, einer Provinz in Rumänien, mit einer starken deutschsprachigen und jüdischen Bevölkerung. Ihr Vater arbeitete in einer Schnapsbrennerei, von daher kam ihre Abneigung gegen Alkohol. Sie war nicht zu bewegen, nicht einmal in Frankreich, auch nur einen Schluck Rotwein zu trinken. Sie war nach Frankreich gekommen, um ihre französischen Sprachkenntnisse zu vervollkommnen. Sie wohnte bei ihrem Onkel und ihrer Tante in einem vornehmen Viertel und betreute deren beiden Kinder, womit sie sich ihren Unterhalt verdiente. Tante und Onkel, beide überzeugte Kommunisten, wussten von der Existenz unserer Jugendgruppe und gaben Ettie den Rat, die Gruppe aufzusuchen, damit sie etwas am gesellschaftlichen Leben in Paris teilnehmen könne. So kam sie zu uns und offenbar fühlte sie sich gleich wohl, nahm dann an allem teil, was wir anzubieten hatten. Nicht zuletzt an unseren Wochenendausflügen in die Umgebung von Paris.

Oft hatten wir im Sommer unsere Zelte an der Marne aufgeschlagen. Die Zelte waren meist primitiv zusammengenäht und wir richteten darin mit Stroh unser Nachtlager ein. Fast in jedem Sommer am Ärmelkanal, z. B. im Ort Tréport, bauten wir mit Zelten ein 14-tägiges Ferienlager auf. Wir hatten ein abwechslungsreiches buntes Programm, mit Ausflügen, Baden, lustiger Unterhaltung, aber auch mit politischen Themen, wofür wir immer einen der führenden Kader der illegalen Leitung der KPD einluden, der mit uns die Ferien verbrachte. Jedenfalls tobten wir uns aus. Oft wanderten Franzosen zu unserem Zeltlager – und die waren immer erstaunt, dass wir so leben konnten, guckten in die Zelte hinein, sahen unser Schlaflager aus Stroh und fragten ungläubig: »Vous dormez ici?« (Was, Sie schlafen hier?) Campingurlaub kannte man damals noch nicht. Die französischen Arbeiter und Angestellten hatten keinen bezahlten Urlaub, konnten sich also kaum Ferien leisten. Die »Vacances payées« (Recht auf bezahlten Urlaub) erkämpften sie sich erst mit dem Massenstreik und den Betriebsbesetzungen von 1936, als fast jeder Betrieb besetzt wurde und

Ettie und Peter, Ende der 30er-Jahre in einem antifaschistischen Ferienlager in Tréport

die Masse der Bevölkerung diesen Streik solidarisch unterstützte, für die
Streikenden Geld und Lebensmittel sammelte. Ohne das wäre der Streik
nicht durchzuhalten gewesen. Denn in Frankreich verfügten die Gewerkschaften über keine Streikkasse, im Unterschied zu Deutschland, wo
die Streikenden von der Gewerkschaft Streikgelder bezogen. Aber nur
dann, wenn der Streik durch die Gewerkschaft beschlossen war. (Daher
erleben wir in Frankreich immerfort viele spontane Streiks, was es in
Deutschland kaum gibt.) In den Jahren darauf wurde Camping zu einer
beliebten und billigen Form des Urlaubs, besonders nach dem Krieg
zu einer Massenerscheinung. Es entwickelte sich eine ganze Industrie
für Zelte, bequem und geräumig, für Wohnwagen, Luftmatratzen und
sonstiges Zubehör. Gegenwärtig muss man in der Hochsaison und an
beliebten Plätzen, Stränden und Seen rechtzeitig einen Campingplatz
mieten. Jede Stadt, ja jedes Dorf in Frankreich besitzt einen Campingplatz. Camping war auch später für meine Familie die Form unseres
Urlaubs – mit unseren beiden Kindern, manchmal auch zusammen mit
der Familie meiner Geschwister oder auch mit Freunden. Das ist auch
deswegen so reizvoll, weil man nicht an einen Ort gebunden ist, man
nach Belieben weiterziehen kann, wenn es einem nicht mehr gefällt
oder das Wetter nicht mehr mitspielt. Einmal sind wir deswegen von
Biarritz am Atlantik zum Mittelmeer übergewechselt.

Zurück in unsere Emigrationszeit. Unser Gruppenleben in den
Ferien und an den Wochenenden gehört zu den unvergesslichen,
herrlichen Tagen, in denen Ettie und ich uns näher kamen. Ich war auf
diesem Gebiet sehr schüchtern, Gefühle zu zeigen, fiel mir schwer. Auf
Ettie traf dies genauso zu. Dieses eine Pfingsten vergesse ich nie, als
sich – sicherlich nicht zufällig – ergeben hat, dass wir in einem Nachtlager auf Strohballen nebeneinander zu liegen kamen. Da ist passiert,
was bei einer solchen Gelegenheit halt passiert. Ich bin am anderen
Morgen glücklich aus dem Zelt gekrabbelt, mein Bruder David stand
vor mir und ich sagte ihm, noch ganz benommen: »Ich bin glücklich, ich bin glücklich« Er schaute mich verdutzt fragend an, erfuhr
aber nicht, warum. Es war der unauslöschlichste, schönste Moment
in meinem Leben! Beim Kriegsausbruch haben wir geheiratet und
lebten dann 65 Jahre beieinander, bis mich Ettie am 3. Juni 2001,

auch zu Pfingsten, mit 88 Jahren nach einer schweren Krankheit verließ. Ihr Wunsch war, auf dem Frankfurter Friedhof anonym beerdigt zu sein. Ich habe aber ihre Urne auf den Pariser Friedhof Bagneux gebracht, an die Grabstätte meiner Eltern, auf der auch die Namen meines Bruders Leo und meiner Schwester Dora stehen, deren Leben offenbar in der Gaskammer von Auschwitz ausgelöscht wurden. Ich wollte Etties Asche in diese Stadt bringen, wo wir uns kennen lernten, wo wir gemeinsam die glücklichsten, aber auch schwere und schreckliche Stunden durchlebten, im besetzten Frankreich, in der Résistance, die uns einerseits vor Auschwitz rettete, doch in der wir auch täglich die Todesgefahr vor Augen hatten.

Ettie in Paris, 1935

Ettie war dabei, als wir im Juni 1936 in dem Pariser Vorort Plessis Robinson die »Freie Deutsche Jugend«, die FDJ, gründeten. Es war das gemeinsame Anliegen der emigrierten antifaschistischen Jugend unterschied-

Peter in Paris, 1935

licher politischer Richtungen, vom Ausland aus den Kampf in Deutschland gegen das Hitlerregime zu unterstützen.

In der Gründungserklärung, die u. a. auch Willy Brandt, selbst Gründungsmitglied der FDJ, mitformulierte, heißt es: »Wir deutschen Jungen und Mädel haben uns in der ›Freien Deutschen Jugend‹ zusammengeschlossen, um vom Ausland aus unseren deutschen Kameraden in ihrem schweren Kampf gegen das jugendfeindlichste aller Systeme beizustehen. Unsere gemeinsame Aufgabe ist es, mit allen unseren Kräften beizutragen, die notwendige

Einheit der deutschen Opposition im Ausland zu schmieden, damit
sie eine wirkliche Hilfe für diejenigen wird, die heute unter Einsatz
ihres Lebens für die Einheit des deutschen Volkes und seiner Jugend
gegen Hitler, für ein freies und glückliches sozialistischen Deutschland kämpfen.«

Wir, die die FDJ gründeten, waren also politisch unterschiedlich. Wir waren vom Kommunistischen Jugendverband (KJV), vom
Sozialistischen Jugendverband (SJV), dem Jugendverband der SAP,
den Willy Brandt vertrat, vom Jugendverband der SPD, der SAJ
(Sozialistische Arbeiterjugend), und Jugendliche aus anderer Richtung.
Unser Lokal in 23, Rue Richer wurde zum Zentrum der FDJ, bis wir
1937 in die Gegend von Montmartre in die Rue des Martyrs um-
zogen.

Das Asylrecht in Frankreich verdankt unsere Familie der macht-
vollen Volksfront, die begleitet von Massenstreiks die Volksfront-
Regierung unter Léon Blum an die Macht brachte. Das war ein
wesentliches Resultat der Lehren, die die französische Arbeiterbewegung aus der Niederlage der deutschen Antifaschisten 1933 gezogen hat. Für die französischen Rechten war die Machtübergabe an
den Faschismus in Deutschland, der in der Lage war, die deutsche
Arbeiterbewegung zu zerschlagen, ein strahlendes Vorbild. Dem
wollten sie nacheifern. Im Februar 1934 versuchte die faschistische
Bewegung »Croix de feux« (Feuerkreuz), mit dem Sturm vom Place
de la Concorde auf das Parlament, »Les Chambres des Députés«,
die Macht zu erobern. Die Lehren der Niederlage der deutschen
Arbeiterbewegung im Hinterkopf vereinigten sich Sozialisten und
Kommunisten in Frankreich spontan zu einer gemeinsamen Gegen-

Politische Rolle der Katholiken in Frankreich

Die politische Landschaft Frankreichs war in der ersten Hälfte
des 20. Jahrhunderts in zwei große Lager aufgeteilt. Während
auf der Linken die Parteien der Arbeiterbewegung, die Gewerkschaften und linksbürgerlich-republikanische Kräfte wie

die sogenannten Radikalsozialisten standen, fanden sich auf der Rechten Gruppen mit rechtsliberal-großbürgerlichen, konservativen, klerikal-katholischen, monarchistischen und faschistischen Positionen. Der politische Katholizismus, der gegen das Gesetz zur Trennung von Religion und Staat (1905) opponierte, war weitgehend antirepublikanisch. Die faschistische Feuerkreuz-Bewegung versuchte, besonders im klerikal-katholischen Milieu Anschluss zu finden. Aus diesem Spektrum stammten Parolen wie »Lieber Hitler als die Volksfront«, die schon vor dem Zweiten Weltkrieg die spätere Kollaboration mit der deutschen Besatzung vorweg-nahmen.

Die Orientierung der Feuerkreuzler an Hitler-Deutschland und – besonders nach dem Überfall der faschistischen Wehr-macht auf Frankreich – ihre Bereitschaft zur Kollaboration stieß jedoch national-orientierte katholische Kreise ab. Sie wurden aktive Partner in der Verteidigung der Freiheit und nationalen Souveränität Frankreichs im Widerstand.

aktion. Die beiden konkurrierenden Gewerkschaften CGT und CGTU gingen im Generalstreik und in den Massendemonstrationen zusammen. Drei Tage dauerten die Kämpfe, es gab insgesamt 12 Tote, dann war der faschistische Putsch hinweggefegt. Ich erlebte mit Hunderttausenden auf dem Platz der Republik den Jubel des Sieges über die Faschisten. Diese Erfahrung brachte nicht nur die Sozialisten und Kommunisten zusammen, darüber hinaus auch einen großen Teil der Bevölkerung, in der die Tradition der französischen Revolution, der Revolution von 1848 und der Pariser Commune lebendig ist. Dies hatte den damaligen Vorsitzenden der KPF Maurice Thorez ver-anlasst zu erklären: »Wir reichen den Katholiken die Hand!«, was viele Kommunisten schockierte und heftige Diskussionen auslöste. Diesem Schritt von Thorez war zu verdanken, dass Massen der Katholiken die Volksbewegung unterstützten.

Der spanische Bürgerkrieg

Im gleichen Jahr 1936 kam auch in Spanien die Volksfront an die Regierung. Ein großes Erschrecken der reaktionären Kreise in ganz Europa. Denn die siegreiche Volksfrontbewegung z. B. in Frankreich setzte für die abhängig Beschäftigten wichtige soziale Errungenschaften durch. Die Erhöhung der Löhne und Gehälter, die 40-Stundenwoche, den 14-tägigen bezahlten Urlaub, die bessere gesundheitliche Fürsorge und vieles mehr. Dem Patronat waren große Zugeständnisse abgerungen worden, es ging den Unternehmern darum, diese wieder

Spanische Republik

Wie in Frankreich setzte sich auch in Spanien bei den Parlamentswahlen von 1936 die Volksfront durch. Hatten noch 1934/35 klerikal-reaktionäre Kräfte die Regierung gestellt, so errang am 16. Februar 1936 ein Linksbündnis von Sozialisten, Kommunisten, der oft verkürzt als trotzkistisch bezeichneten linken Splitterpartei POUM, linksbürgerlichen Republikanern sowie baskischen und katalanischen Nationalisten, das auch von Anarchisten und Anarchosyndikalisten unterstützt wurde, die Mehrheit. Auch hier verkündete die Volksfrontregierung weitgehende soziale Veränderungen, Rechte für die Landarbeiter, eine Landreform mit Aufteilung des Großgrundbesitzes, Nationalisierungen, die Freilassung politischer Gefangener und andere Maßnahmen, die auf erbitterten Widerstand der reaktionären Kräfte stießen. Die faschistische Falange-Bewegung organisierte daraufhin zahlreiche Anschläge und andere Terrorakte.

Am 17. Juli 1936 unternahm General Franco in der spanischen Kolonie Marokko einen Militärputsch und setzte mit den aufständischen Truppen auf das spanische Festland über. Nach anfänglichen Erfolgen der Putschisten entwickelten besonders Arbeiterwehren, teilweise unterstützt von loyalen Truppenteilen, einen massiven militärischen Widerstand zur Verteidigung der Republik. Auf Seiten Francos griffen das faschistische Italien und Deutschland mit Waffenlieferungen in diesen Bürgerkrieg ein und intervenierten darüber hinaus direkt militärisch. Eines der schrecklichsten Verbrechen beging die deutsche »Legion Condor«, eine Luftwaffeneinheit der Wehrmacht, als sie am 26. April 1937 die wehrlose baskische Stadt Gernika in einem Bombenhagel dem Erdboden gleich machte. 80 Prozent der Stadt wurden zerstört, mehrere tausend Einwohner getötet oder schwer verwundet. Pablo Picasso hat den Opfern dieses Kriegsverbrechens, mit dem die deutsche Luftwaffe bereits für den Zweiten Weltkrieg trainierte, sein berühmtes Gemälde gewidmet.

Während Frankreich und Großbritannien eine »Nichteinmischung« propagierten, was darauf hinauslief, die Spanische Republik sich selbst zu überlassen, half die Sowjetunion als einziges Land neben Mexiko der rechtmäßigen Regierung, so lange es ging, mit Waffenlieferungen und anderen Gütern. Eine unschätzbar große Hilfe erfuhr die Spanische Republik durch Freiwillige aus allen Teilen der Welt, die sich – zumeist illegal die Grenzen überquerend – als »Internationale Brigaden« in die Reihen der spanischen Volksarmee einordneten. Am 9. Oktober 1936 wurde die erste Brigade aufgestellt. Gerade auch die deutschen Interbrigadisten sahen hier die Möglichkeit zum bewaffneten Kampf gegen den Faschismus. Diese militärische Unterstützung durch die Internationalen Brigaden konnte wesentlich dazu beitragen, den Vormarsch der Franco-Kräfte lange Zeit aufzuhalten.

Auf politischen Druck Englands und Frankreichs wurden Ende 1938 die Interbrigaden aufgelöst. Militärisch war die Spanische Republik bald darauf geschlagen. Am 1. April 1939 verkündete Franco seinen Sieg.

rückgängig zu machen. So also wurde von den Reaktionären in ganz Europa, vor allem von Hitler und Mussolini, der faschistische Putsch von Franco im Juni 1936 gegen die spanische Volksfrontregierung unterstützt.

Aber das spanische Volk verteidigte heldenhaft seine Republik und schlug die faschistischen Truppen zurück. Diese wurden bald unterstützt von Deutschland und Italien mit Truppen, Waffen, Flugzeugen und Bomben. Für Deutschland war Spanien vor allem das Versuchsfeld, seine Waffen auszuprobieren, der erste Versuch, mit Bomben eine Stadt zu vernichten. Guernica, die baskische Stadt, wurde am 26. April 1937 in Schutt und Asche gelegt. Es gab zehntausende Tote. Tief hat sich in meine Erinnerungen der spanische Pavillon in der Weltausstellung in Paris 1937 eingegraben. Ganz schlicht war dieser Pavillon, soweit ich mich erinnern kann, nur ein einziges Exponat gab es: »Guernica«, das Bild von Picasso. Es nahm eine ganze Wand ein. Eine unendliche Schlange von Menschen vor diesem Bild, die stumm und in sich gekehrt verharrten. Ich stand lange vor diesem Bild; so oft ich in der Weltausstellung war, drängte es mich immer zuerst in den spanischen Pavillon.

Die französische und englische Regierung propagierten eine Politik der Nichteinmischung, sperrten die spanischen Grenzen und Küsten, ließen weder Menschen, geschweige denn Waffen oder irgendwelches Hilfsmaterial für die Republik durch. Die einzige Unterstützung an Militärberatern und Waffen kam aus der Sowjetunion. Aber aus der ganzen Welt eilten Antifaschisten nach Spanien, um mit der Waffe in der Hand zu helfen, die Republik zu verteidigen. Irgendwie gelangten sie über die Pyrenäen. So entstanden die Internationalen Brigaden. In ihnen kämpften 6000 Deutsche, die zum Teil aus Deutschland kamen. Sie nahmen das Risiko der illegalen Überwindung der deutschen Grenze auf sich, meldeten sich in einem Rekrutierungsbüro und wurden nach Spanien weitergeschleust.

Es war selbstverständlich, dass die meisten aus unserer Jugendgruppe nach Spanien drängten. Fast alle meldeten sich. Auch Ettie und ich. Ettie ließ sich als Sanitäterin ausbilden Auf dem Gelände des jetzigen Gebäudes des Nationalkomitees der KPF, heute Place

Colonel Fabien, standen mehrere Baracken, in denen u. a. die von der französischen kommunistischen Partei organisierte Volksuniversität untergebracht war. In einer Baracke befand sich die Secours Rouge/Rote Hilfe. Dorthin hatte ich mich zu begeben, um mich nach Spanien rekrutieren zu lassen. Ich traf dort zu meiner Überraschung Hans Beimler, was mich sehr bewegte. Denn für uns war er bereits legendär, wir verehrten und bewunderten ihn. Er hatte Schlagzeilen geliefert: Kurz zuvor war er auf rätselhafte Weise in der Nacht, in der er umgebracht werden sollte, aus seiner Zelle im KZ Dachau entkommen. Am Abend war ihm in die Zelle ein Strick gereicht worden mit der Drohung, wenn er sich bis zum nächsten Morgen nicht aufgehängt habe, würden es die Henker selber besorgen. Als am anderen Morgen die Zelle geöffnet wurde, war sie leer. Wie er das geschafft hat, haben wir nie erfahren. Später ist er an der Ebrofront in Spanien im Kampf gefallen. Eines der Kampflieder der Internationalen Brigaden wurde ihm gewidmet. Bei ihm also habe ich mich nach Spanien gemeldet.

Leider bekam ich kurz darauf die niederschmetternde Mitteilung, dass ich nicht nach Spanien dürfe. Auch die Gründe wurden mir genannt: Ich könne aufgrund meiner Tätigkeit in der Redaktion des »Pariser Tageblattes« und des täglichen Kontakts mit dem Chefredakteur Prof. Dr. Georg Bernhard interne Informationen liefern, die für die Führung der KPD enorm wichtig waren; da sie den illegalen Kampf in Deutschland leite, benötige sie dringend diese Informationen für ihre politischen Einschätzungen – so wurde mir versichert. Heute kann ich verraten, wie ich an diese Informationen herangekommen bin. Das Vertrauen in mich war so groß, dass alle Posteingänge und Ausgänge bei Georg Bernhard durch meine Hände liefen. Daraus entnahm ich alle wichtigen Informationen. Auch trafen sich im Salon von Georg Bernhard führende französische und ausländische Politiker. Da ich ständig dort anwesend war, konnte ich manches aufschnappen. Ich traf mich wöchentlich konspirativ mit einem Vertreter der KPD-Führung, er nannte sich Maurice, auf dem Vieux Pont in Paris. Dem übergab ich die Informationen. Auf diese Quelle dürfe nicht verzichtet werden. Sie sei wichtiger als mein Einsatz in Spanien. Diesem Beschluss habe ich mich fügen müssen. Ich war verzweifelt, wenn ich nur daran dachte, dass ich hier bleiben musste, während Ettie am Kampf der Internationalen Brigaden teilnahm. Und überdies durfte ich niemandem sagen, warum ich in Paris blieb, so dass mancher Feigheit dahinter vermutete.

Ach, was war es für mich eine Erleichterung und ein Trost, als es sich ergab, dass auch Ettie nicht nach Spanien durfte. Das hatte ihr Onkel veranlasst. Er beschwor sie, keinesfalls nach Spanien zu gehen, sie würde ihm alles gefährden. Auch sie musste sich fügen. Was sie dem Onkel alles hätte gefährden können, haben wir beide eigentlich nie erfahren. Wir konnten es nur vermuten. Offiziell war der Onkel im Pelzhandel für die Sowjetunion engagiert und reiste damit in die ganze Welt. Wir konnten nur vermuten, dass es sich dabei um eine Tarnung handelte; sicherlich ging es eher um Waffenhandel, vor allem Waffen nach Spanien. Wir konnten später mit Etties Onkel und Tante nie darüber sprechen, denn kurz vor Beginn des Krieges übersiedelte die ganze Familie in die USA und wir sahen sie nie wieder. Was wir für Spanien, zur Unterstützung der Internationalen Brigaden tun konnten, taten wir. Wir halfen mit, Geld, Arzneimittel und medizinische Instrumente für Spanien zu sammeln. Wir nahmen an den Massenbewegungen gegen die Nichteinmischungs-Politik der französischen Regierung teil. Rolf Leder, er wurde später als Schriftsteller unter dem Namen Stephan Hermlin bekannt, übernahm einen Transport mit gesammelten Materialien nach Spanien. Für die deutschen Antifaschisten stand offenbar in der Nähe von Barcelona ein Sender zur Verfügung, der in ganz Deutschland gehört werden konnte. Unsere Jugendgruppe war beauftragt, die Jugendsendungen vorzubereiten. Daran haben wir alle in irgendeiner Form mitgearbeitet. Wesentlichen Anteil aber hatten Rolf Leder mit seiner schriftstellerischen und lyrischen Begabung und Hermann Axen.

Meine Eltern gaben das Restaurant auf und zogen in eine andere Wohnung, in der mein Vater mit Hilfe seiner Söhne ein Atelier zur Produktion von Damenhüten einrichtete. In dieser Zeit gehörte zur Bekleidung einer Frau der Hut. Entsprechende Modelle wurden in Gussform erworben; mit der Pedale wurde der rohe Filz mit heißem Dampf gepresst und gleich von der Form abgezogen, sodass man sich dabei oft die Finger verbrannte. Es war eine harte Arbeit. Soweit es mir möglich war, habe ich den Verkauf an Modegeschäfte übernommen. Sehr viel konnten wir dabei nicht verdienen. Das war so in der letzten Phase, bevor es zum Krieg kam.

Der Weg in den Krieg

Wir wussten, Hitler treibt zum Krieg. So lautete auch der Titel eines Buches, das mit schwarzem Einband schon 1934 in der Emigration in Frankreich herausgegeben wurde und gut dokumentierte Enthüllungen der geheimen Aufrüstung Hitlerdeutschlands enthielt. Ich habe es über den Krieg hinwegretten können und besitze es heute noch im Original.

Im Jahr 1938 deuteten alle Anzeichen darauf hin, dass es dem Krieg entgegenging. Denn das war schon geschehen: Die Hitlerarmee war in das entmilitarisierte Rheinland einmarschiert. Deutschland schied aus dem Völkerbund aus und annektierte Österreich. Spanien war zum Versuchsfeld der modernen Kriegsführung für den deutschen Generalstab geworden. Nun drohte Hitler mit dem Einmarsch der deutschen Truppen in die Tschechoslowakei, um den Sudetendeutschen »zur Hilfe zu kommen«, die angeblich als nationale Minderheit unterdrückt und grausamer Verfolgung ausgesetzt seien. In Frankreich hatte ein Regierungswechsel stattgefunden, die Volksfrontregierung war inzwischen durch eine reaktionäre Regierung mit Ministerpräsident Daladier an der Spitze ersetzt worden. Zur Gewöhnung an den Krieg heulten wöchentlich die Alarmsirenen. Die französische Armee war mobilisiert, Gasmasken und Sandsäcke wurden verteilt. Es herrschte eine angstvolle, fieberhafte Stimmung in der Bevölkerung. In jeder Stunde rechnete man mit dem Ausbruch des Krieges. Auch wir von der Jugendgruppe hatten unser Ferienlager am Meer abgebrochen.

Dann in der Bevölkerung das große Aufatmen: Der Friede ist gerettet! Das berüchtigte Münchner Abkommen vom August 1938 zwischen Hitler, Mussolini, dem englischen Premier Chamberlain und dem französischen Ministerpräsidenten Daladier.

Münchener Diktat

Nach dem Anschluss Österreichs im März 1938 an das Deutsche Reich verschärften im Sommer 1938 »sudetendeutsche« Gruppen in der Tschechoslowakei (Henlein-Bewegung) und die deutsche faschistische Propaganda die Spannungen um das Sudetengebiet. Unter der Losung »Heim ins Reich« bzw. Anschluss an das Reich forderten sie die Lostrennung des Gebietes von der ČSR. Das faschistische Deutschland drohte offen mit Krieg, wenn diese Forderung nicht erfüllt würde. Statt jedoch durch internationale Beistandsabkommen die ČSR zu stärken, trafen Ende September 1938 die Regierungschefs Englands und Frankreichs in München mit Hitler und Mussolini zusammen und legten gemeinsam mit ihnen zulasten der ČSR und, ohne zuvor deren Zustimmung einzuholen, Gebietsabtrennungen der Tschechoslowakei fest. Die tschechische Regierung war zu diesen Verhandlungen erst gar nicht eingeladen.

Während Chamberlain (Großbritannien) und Daladier (Frankreich) sich bei der Rückkehr in ihre Länder als »Retter des Friedens« feiern ließen, war dieses Diktat von München das Ende der Souveränität der ČSR. Nach der Annexion der Sudetengebiete im Oktober 1938 wurde im März 1939 die »Rest-Tschechei« von der Wehrmacht besetzt und in der Slowakei ein klerikal-faschistischer deutscher Satellitenstaat eingerichtet.

Der tschechoslowakische Präsident Beneš wurde massiv unter Druck gesetzt, um Hitlers Anspruch auf das Sudetengebiet nachzugeben. Man behauptete, damit den Frieden zu retten, denn Hitler versicherte, dass er keine weitere territoriale Forderung stellen werde. Ich habe die Bilder aus der Wochenschau noch vor Augen. Hunderttausende Menschen auf den Flughäfen in Paris und London. Wie sich die Bilder glichen. Sowohl Daladier als auch Chamberlain stiegen aus ihren Flugzeugen, ein Papier in der Hand, und riefen: »Der Friede ist gerettet«. Die jubelnden Massen auf dem Flugfeld, dann im ganzen Land, ein erleichtertes Aufatmen.

Wir aber saßen am nächsten Tag in unserer Jugendgruppe und diskutierten, ich glaube mit Anton Ackermann, einem der führenden Theoretiker der KPD. Nach seiner überzeugenden Analyse war uns klar, dass dieser Schritt unmittelbar zum Krieg führte. So lautete auch die Schlagzeile der Humanité, »Hitler zum Krieg ermuntert«. In der Masseneuphorie einer aufatmenden Bevölkerung waren die Kommunisten mit dieser Warnung isoliert. Im Jahr darauf folgte die Nachricht über den Abschluss eines Nichtangriffspaktes der Sowjetunion mit Hitlerdeutschland. Sie traf uns wie ein Keulenschlag. Diese Situation ausnützend wurde die KPF verboten, in die Illegalität gedrängt, viele wurden Funktionäre verhaftet.

Deutsch-sowjetischer Nichtangriffsvertrag

Am 23. August 1939 unterzeichneten in Moskau der deutsche Außenminister Ribbentrop und der Volkskommissar für auswärtige Angelegenheiten der Sowjetunion Molotow einen deutsch-sowjetischen Nichtangriffsvertrag, der oft auch »Hitler-Stalin-Pakt« genannt wird. Dieser Vertrag erklärte die gegenseitige Neutralität, so lange die jeweiligen Interessensgebiete und Territorien nicht betroffen waren. Insbesondere ging es um die baltischen Staaten, Polen und andere Regionen in Ostmitteleuropa.

Für das faschistische Deutschland bedeutete dieser Vertrag, dass bei dem schon vorher geplanten Überfall auf Polen nicht mit einem »Zweifronten-Krieg« gerechnet werden musste. Für die Sowjetunion beinhaltete der Vertrag die Möglichkeit, die nach dem Ersten Weltkrieg in einem Angriffskrieg Polens an dasselbe verlorenen Territorien im Westen ohne militärisches Risiko wiederzugewinnen.

Bei der politischen Interpretation des Vertrages wird oft die Behauptung aufgestellt, damit habe Stalin die Möglichkeit zur Entfesselung des Zweiten Weltkrieges gegeben. Es muss jedoch darauf hingewiesen werden, dass auch noch nach der Besetzung der Tschechei im März 1939 die Sowjetunion ihre Versuche, mit Großbritannien und Frankreich, den Garantiemächten Polens, eine gemeinsame Haltung gegen die Kriegsvorbereitung des deutschen Faschismus auszuhandeln, bis in die letzten Tage vor Abschluss des Nichtangriffsvertrags fortsetzte. Diese Verhandlungen wurden durch die westliche Seite so hinhaltend geführt, dass die Sowjetunion Mitte August 1939 aus Gründen der eigenen Sicherheit Gespräche mit Hitlerdeutschland aufnahm. Diese führten dann innerhalb weniger Tage zum Abkommen.

Beiden Seiten war dabei klar, dass mit diesem Abkommen nur ein zeitlicher Aufschub für eine militärische Auseinandersetzung gegeben war. Dies bewahrheitete sich mit dem deutschen Überfall auf die Sowjetunion am 22. Juni 1941.

Wir waren ratlos. Am übernächsten Tag nach dem Vertragsabschluss kamen wir in unserem Jugendheim zusammen. Anton Ackermann hielt darüber einen Vortrag. Fast alles, was er in seiner Einschätzung sagte, habe ich noch im Gedächtnis, als ob ich es gestern gehört hätte. 65 Jahre danach hat es für mich immer noch seine Gültigkeit bewahrt. Es gehört zu meinem Leben, denn nach wie vor werde ich gefragt, wie wir damals den »Hitler-Stalin-Pakt« verkraftet haben.

Ich kann dann nur wiederholen, was uns damals überzeugt hat: Die Sowjetregierung wusste, trotz des Nichtangriffspakts würde Hitlerdeutschland ihr Land überfallen, das war so sicher wie das Amen in der Kirche. Sie konnte es nur zeitlich hinausschieben und die Grenze der Sowjetunion so weit wie möglich nach Westen verlagern. Es ist nicht meine Absicht, diesen brisanten und so umstrittenen Zeitabschnitt geschichtlich abzuhandeln, darüber gibt es eine Flut von Büchern und Artikeln, die in der Beurteilung widersprüchlich sind. Diese Auseinandersetzung aber ist in mein Leben eingebrannt.

Als der Zweite Weltkrieg begann

Dann kam der 1. September 1939, als Hitler verkündete: »Seit 5.45 Uhr wird zurückgeschossen«. Etties Verwandte waren bereits mehrere Wochen vorher in die USA übersiedelt. Ihre Wohnung in einem vornehmen Haus am Bois de Boulogne hatten sie aufgegeben. Ettie war schwanger, wir beide hatten uns darauf eingestellt, dass wir heiraten würden. Wir mieteten eine kleine Wohnung in der Nähe vom Place St. Cloud, nicht weit vom Bois de Boulogne, in einem kleinen Gässchen, 12 Villa Dufresne. Mit der Concierge (Hausverwalterin) des vornehmen Hauses am Bois de Boulogne, Madame Prime, war Ettie eng befreundet. Es stellte sich heraus, dass sie für uns ein Engel wurde, als es während der Okkupation darum ging, das Leben unseres zweijährigen Kindes vor der Vernichtung zu retten. Wir haben ihr unendlich viel zu verdanken! Während Ettie in diesem Haus gewohnt hatte, war diese Freundschaft entstanden. Madame Prime verriet ihr manche Geheimnisse. Zum Beispiel wohnten in diesem Haus Angehörige der deutschen Botschaft. Für das Deuxième Bureau (der französische Geheimdienst) spielten die Concierges eine wesentliche Rolle bei der Überwachung der Post von Personen, an denen dieser Geheimdienst interessiert war. Ettie erfuhr von ihr, wie oft sie Besuch von Beamten des Deuxième Bureau erhielt.

Dann hörten wir von Verhaftungen deutscher Emigranten, Männern und Frauen, die der Geheimpolizei als führende Kommunisten bekannt waren. Ich kann mich noch an die letzte Zusammenkunft in der Passage Prado, bei Porte St. Denis erinnern. Ein gemieteter Raum diente als Küche und auch als Treffpunkt deutscher kommunistischer Emigranten. Meist mittellos und ständig hungrig konnten sie sich hier satt essen – und sich beraten. An der letzten Beratung konnte ich teilnehmen. Siegfried Rädel gab eine Einschätzung der Lage und Empfehlungen, wie wir uns jetzt im Kriegszustand zu verhalten hätten. Kurz darauf wurde die Küche geschlossen und auch der dazugehörende Keller versiegelt. Siegfried Rädel wurde Tage darauf verhaftet. Erst viel später erfuhr ich, dass er nach Deutschland ausgeliefert und hingerichtet wurde.

Noch hatte ich bis dahin eine kleine Erwerbsquelle, da ich die Hutfabrikation meines Vaters unterstützte. Doch mit dem Kriegsausbruch
versiegte diese Quelle bald. An den Litfass-Säulen verbreitete man die
Aufforderung an alle in Frankreich lebenden männlichen Deutschen,
sich mit einer Decke und Proviant im Stade de Colombe einzufinden; anderenfalls liefen sie Gefahr, als Spione verhaftet zu werden.
Ausgenommen waren die, die im Besitz einer Kennkarte mit dem
Vermerk »Nationalité indéterminée«, ungeklärte Staatsangehörigkeit, waren. Dazu gehörte ich, jedoch nicht meine beiden Brüder,
Leo und David und die meisten jungen Männer unserer Gruppe. Ich
begleitete sie zum Stade de Colombe, im Pariser Vorort Colombe.
Vor dem Eingang eine riesige Schlange. Denn jeder einzelne wurde
von der Gendarmerie mit ziemlichem Zeitaufwand registriert. Ab 18
Uhr war Feierabend, und die Tore wurden geschlossen. Wer nicht
drangekommen war, musste am nächsten Tag wiederkommen. Ich
selbst war also zunächst davon befreit. Alle, die sich im Stade de
Colombe eingefunden hatten, wurden dann mehrere Tage später in
ein Internierungslager gebracht. Wie schon erwähnt, waren die der
Polizei bekannten Funktionäre der KPD aus den Wohnungen verhaftet und in das berüchtigte Internierungslager Le Vernet, am Fuße
der Pyrenäen, gebracht worden. Dort waren viele ehemalige deutsche
Spanienkämpfer interniert.

Auch Frauen, die als verantwortliche Funktionärinnen der KPD
bekannt waren, wurden verhaftet. Man brachte sie in das Frauen-
Internierungslager Riencros, ebenfalls am Fuße der Pyrenäen. Von
unserer Jugendgruppe war ich nicht der einzige, der in Freiheit blieb.
Einige hatten ebenfalls die »Nationalité indéterminée«. Auch die
Frauen in unserer Jugendgruppe blieben verschont. Konspirativ trafen
wir uns und berieten, was wir machen könnten, und orientierten uns
auch politisch. Wir organisierten die Betreuung der Internierten,
von denen wir allmählich auch Nachrichten erhielten. Das strengste
Regime war im Lager Le Vernet, auch im Frauenlager Riencros gab es
schlimme Verhältnisse. Wir, die noch in Freiheit waren, hielten engen
Kontakt untereinander.

Am 30. Januar 1940 haben Ettie und ich in der Mairie des

10. Arrondissements geheiratet. Zwei aus unserer Jugendgruppe waren die Trauzeugen. Sicherlich war es einmalig, dass ein Standesbeamter eindringlich die Braut fragte, ob sie es sich reiflich überlegt habe, diesen Bräutigam zu heiraten. Ausgerechnet jetzt, wo sich Frankreich mit Deutschland im Krieg befinde, einen Deutschen zu heiraten? Anschließend gab es zu Hause bei meinen Eltern für uns und unsere Trauzeugen ein ganz bescheidenes Festessen; noch am Nachmittag musste ich arbeiten. Unter diesen Umständen war die Hochzeit ein Tag wie jeder andere. Wir waren uns ja bereits seit vier Jahren so nahe, liebten uns, lebten fast immer zusammen, waren schon eins und sahen in unserer Vermählung an diesem Tag nur eine rein formale Angelegenheit. Wenn ich dagegen an die Hochzeit meiner Schwester oder an die meines Bruders denke, – was waren das für große Feste damals!

Es war eine merkwürdige, unheimliche Zeit. Polen besetzt, die französische und die englische Armee standen mobilisiert an der deutschen Grenze am Rhein und beschränkten sich untätig auf einen »Sitzkrieg«.

Hinweise zum Kriegsjahr 1939

Auch wenn es in manchen Schulbüchern behauptet wird, so wurde doch der Weg in den Krieg nicht erst im Jahr 1939 beschritten. Hitlerdeutschland hatte bereits Mitte der dreißiger Jahre durch den Austritt aus dem Völkerbund, die Besetzung des entmilitarisierten Rheinlands und seine forcierte Aufrüstung deutlich gemacht, dass es seine Gebiets- und Hegemonialansprüche auch mit militärischen Mitteln durchsetzen werde. Nach der militärischen Intervention in Spanien ab Juli 1936 folgte im März 1938 der »Anschluss Österreichs«, also dessen militärische Besetzung und Eingliederung in das nun »Großdeutsche Reich«. Alle diese Schritte konnte das faschistische Deutschland durchführen, ohne dass Frankreich

und Großbritannien als Siegermächte des Ersten Weltkriegs
eingeschritten wären (Appeasement-Politik).

Folgerichtig erweiterte das faschistische Deutschland seinen
territorialen Forderungskatalog um das Sudetengebiet (siehe
Stichwort »Münchener Diktat«) und ließ im März 1939 die
Annexion der tschechischen Gebiete folgen. Zu diesem Zeitpunkt waren bereits die militärischen Planungen für den Angriff auf Polen (»Fall Grün«) im vollen Gange.

Während Frankreich, Großbritannien und die Sowjetunion
noch über den Abschluss eines Bündnisses verhandelten,
liefen auf deutscher Seite bereits die Mobilisierung und die
Kriegsvorbereitungen gegen Polen. Um einen Vorwand
zum militärischen Eingreifen zu haben, wurde ein angeb-
licher polnischer Überfall auf den Sender Gleiwitz inszeniert.
Daraufhin verkündete Hitler am 1. September 1939, dass
»zurückgeschossen« werde. Am 3. September 1939 erklärten
Großbritannien und Frankreich in Erfüllung ihrer vertrag-
lichen Verpflichtungen gegenüber Polen Deutschland den
Krieg. Obwohl das Gros der deutschen Verbände in Polen gebunden war, verharrten im Westen die französischen und die
nur zögernd verstärkten britischen Truppen untätig in ihren
Stellungen. Ohne ihre polnischen Verbündeten durch eigene
militärische Aktivität zu unterstützen, führten sie einen sogenannten »Sitzkrieg« (»drôle de guerre«). Noch immer hofften
die Regierungen in London und Paris trotz ihrer Kriegserklärung an das Deutsche Reich, die deutsche Aggression
gegen die Sowjetunion lenken zu können.

Es gab keine einzige Meldung von Gefechtshandlungen. Einmal
war in Paris Luftalarm, dann war alles wieder ruhig, das Wort vom
»drôle de guerre« (ein komischer Krieg) war im Umlauf. Das Leben
in Paris blieb normal. Man sah zwar viel Militär im öffentlichen
Leben, aber die Bevölkerung ging ihrer Beschäftigung nach, als gäbe

es keinen Kriegszustand. Das waren die Monate bis zum Mai 1940. Dann kam am 10. Mai über Nacht das jähe Erwachen. Der Angriff der Hitlerarmee nun auch im Westen. Die Ereignisse überstürzten sich. Die Invasion in Dänemark, die Landung in Norwegen. Unter Verletzung der Neutralität drangen die deutschen Panzereinheiten in Holland, Luxemburg und Belgien ein. Jetzt war an den Litfass-Säulen zu lesen, dass sich alle männlichen Deutschen, die bisher von der Internierung befreit waren, spätestens zum 15. Mai im Stade Buffalo im 13. Arrondissement einzufinden hätten. Ettie war schon im achten Monat schwanger. Sie begleitete mich bis zum Tor des Stadions, wo wir herzzerreißend Abschied voneinander nahmen.

Dort war ich zusammen mit Rolf Leder und Mischa Tschesno-Hell, später ebenfalls ein bekannter Schriftsteller. Auch machte man mich aufmerksam auf Otto Strasser, der einstmals mit Hitler in der Führung der NSDAP war, sich aber dann mit ihm zerstritten hatte. Die französischen Behörden haben alle Deutschen, ob Nazi oder Antinazi, unterschiedslos interniert. Es gab eine Reihe von deutschen Antifaschisten, die sich freiwillig zur französischen Armee meldeten, um gegen Hitler zu kämpfen. Sie wurden in der Regel und zu ihrer Enttäuschung abgewiesen und gemeinsam mit den in Frankreich lebenden Nazis interniert. Mehrere Tage später wurden wir in einen Personenzug verladen. Unser Weg führte durch ein Spalier von kasernierter Gendarmerie, die mit ihren Stahlhelmen auf uns einschlug – und so war ich froh, dass ich heil in den Zug kam. In der Nähe von Angoulême wurden wir ausgeladen, mehrere Kilometer marschierten wir unter strenger Bewachung und mit der Drohung im Rücken: »Wer aus den Reihen ausbricht, wird erschossen!« Wir landeten im Internierungslager La Braquonne. Auf den Strohsäcken lagen wir nebeneinander, Rolf Leder, Mischa Tschesno-Hell und ich. Zahlreiche Männer in unserer Baracke waren deutsche Fremdenlegionäre. Nicht lange blieben wir zu dritt in diesem Lager, vielleicht zwei Wochen. Wir verfolgten fiebrig, soweit wir es konnten, den Kriegsverlauf, den Vorstoß der Hitlerarmee durch Belgien, von Norden her, bereits nach Frankreich eingedrungen. Im Lager waren wir keiner Schikane ausgesetzt, wir meldeten uns sogar zur Straßenarbeit, damit die Zeit

Peter als Prestataire mit
seiner Schwester Fanny

schneller verging. Eines Tages, bei einem Appell wurden mehrere Namen verlesen, wir drei waren mit dabei, wir waren als »Prestataire« mobilisiert – eine Bezeichnung für Arbeitssoldaten, die an der Front eingesetzt werden sollen, um Schützengräben auszuheben und ähnliches. Wir konnten mit dem Mobilisierungsschein das Lager verlassen. Rolf Leder musste sich in der Kaserne in Albi melden, Tschesno-Hell und ich in der Kaserne in Nîmes. Von Rolf Leder trennten sich unsere Wege, wiedergesehen habe ich ihn in erst nach der Befreiung im Winter 1945 in Frankfurt, als er dann als Stephan Hermlin aus der Schweiz kam. Mischa und ich suchten noch schnell in Limoges das Heim auf, das die Kleinkinder deutscher Emigranten betreute. In der Kaserne in Nîmes wurden wir paramilitärisch eingekleidet, im Internierungslager für Prestataire in Langlade untergebracht, etwa 15 km von Nîmes entfernt. Langlade war ein verlassenes, verfallenes Dorf mit vielleicht noch zehn Einwohnern. In einer der zerfallenen Scheunen haben wir uns häuslich eingerichtet. Nachts waren wir mit Läuseknacken beschäftigt, den Schlaf mussten wir tagsüber irgendwie nachholen. Das Lager war von Soldaten ganz lässig bewacht, es war nicht umzäumt, wir konnten eigentlich zu jeder Zeit das Dorf verlassen, brauchten aber eine Genehmigung des Capitaines. Er war sehr wohlwollend; einen Erlaubnisschein (Permission), um mehrere Tage das Lager zu verlassen, konnten wir ohne Schwierigkeiten erhalten. Jeden Morgen, jeden Nachmittag nach dem Essen mussten wir unter dem Kommando eines Leutnants antreten, im Parademarsch durch das Dorf ziehen. Dann kam im nahe liegenden Wäldchen der Befehl auszuschwärmen und liegen zu bleiben. Wir lagen bei glühender Hitze im Schatten und brauchten nichts zu tun. Nach einigen Stunden kam der Befehl zum Rückmarsch, wieder im Parademarsch. Dies Tag für Tag bei normaler Soldatenverpflegung, sogar mit einer Tabakration. Frankreich hatte inzwischen kapituliert, das Land war in Zonen aufgeteilt, die besetzte Zone mit der Demarkationslinie ging quer durch Frankreich und dann auch ein Abschnitt bis nach Bordeaux, womit die Atlantikküste unter der Kontrolle der Besatzungsmacht stand.

Ich erhielt per Telegramm die Nachricht von der Geburt unserer ersten Tochter Alice am 5. Juni 1940. Erst später erfuhr ich, dass Ettie zur Entbindung im Krankenhaus in Paris lag, just in den Tagen, als die Hitlertruppen im Norden durchgebrochen waren und sich Paris näherten. Die Pariser Bevölkerung war in Panik. Sie stürmte die Züge, solange sie überhaupt noch fahren konnten. Alles, was Räder hatte, Autos, Fahrräder, Karren, wurde zur Flucht – dem Exode – in den Süden benutzt. Die Flüchtlingszüge wurden oft von den deutschen Stukas beschossen, es haben sich schreckliche Szenen abgespielt. Auch meine Eltern mit dem jüngsten Bruder Siegmund und meinen beiden Schwestern waren von Panik erfasst und befanden sich mitten im Exode nach Süden. Der Einmarsch der Deutschen in Paris kam so überraschend, dass nicht einmal für das Neugeborene im Krankenhaus Windeln vorbereitet waren. Paris war fast von Bevölkerung entleert, die Geschäfte geschlossen, kaum eine Metro fuhr. Das Baby wurde in Watte eingepackt, und Ettie schaffte es irgendwie, in unsere Wohnung zu kommen, und fand das Haus leer, ohne jeden Bewohner. Ettie schilderte, wie trostlos, verlassen und verzweifelt sie mit dem Neugeborenen die erste Nacht verbrachte. Und wie ihr, als sich am nächsten Tag die Türe öffnete und ihre beste Freundin Hella Rakovsky erschien, die Sonne aufgegangen ist. Tränen des Glücks, sie war nicht mehr allein. Hella schilderte, sie war bereits im Gare de Lyon, hätte vielleicht noch den Zug bekommen, sie wusste aber, dass ihre Freundin mit dem Neugeborenen allein war. Da hat sie sich entschieden, mit ihr zurück zu bleiben. So etwas bleibt ewig in Erinnerung und erfüllte Ettie mit unendlicher Dankbarkeit gegenüber ihrer Freundin.

Der Kriegszustand war beendet, wir im Lager erwarteten unsere
Demobilisierung. Aber sie zog sich in die Länge. Daran waren offenbar der Kommandant und der Leutnant interessiert. Ich bekam die
Erlaubnis, wann immer ich wollte, das Lager zu verlassen. Das nutzte
ich weidlich aus. Inzwischen kamen auch meine beiden Brüder David
und Leo für einige Zeit in unser Lager, sie waren ebenfalls Prestataire
und als Holzarbeiter in den Cevennen verpflichtet worden.

Résistance – mein Beitrag als Internationalist

In Nîmes traf ich mich mit einem führenden Kader (Walter
Hähnel), der ebenfalls Ausgeherlaubnis hatte aus dem scheußlichen
Internierungslager »Les Milles«, einer ehemaligen Ziegelfabrik, in der
die Internierten im schlimmen Ziegelstaub leben mussten. Übrigens
war dort auch der Schriftsteller Lion Feuchtwanger interniert. In
seinem Buch, »Der Teufel in Frankreich«, spielt »Les Milles« eine
wesentliche Rolle. Bei meinem Treffen mit Walter Hähnel in Nîmes
besprachen wir, was zu tun sei. Durch ihn bekam ich Kontakt mit
einem weiteren führenden Kader der KPD, der in Toulouse lebte.
Walter nannte mir einen bestimmten Tag, Ort und Uhrzeit. Der
Kader würde sich René nennen. Diese Begegnung werde ich nie
vergessen. René war Otto Niebergall. Er war später der Chef der
Deutschen an der Seite der französischen Résistance. Ich war gleich
von ihm fasziniert, wie er klug, übersichtlich, auch resolut unsere
Situation einschätzte, eindringlich auf mich einredete, niemals zu
resignieren. Denn die Situation erschien mir verzweifelt, schier
hoffnungslos: Die Hakenkreuzfahne auf dem Eiffelturm, in Blitz-
kriegen war fast ganz Europa unter die Herrschaft Hitlerdeutschlands gekommen, ohne nennenswerte Opfer. Fast alle Staatsober-
häupter begannen, sich mit Hitler zu arrangieren, von seinem
Endsieg überzeugt. Wir sahen kein Licht mehr im Tunnel. Ich stellte
mir vor, wie siegesbesoffen die Angehörigen der Deutschen Wehrmacht und wie begeistert fast die gesamte deutsche Bevölkerung sein
würde. Die Wehrmacht bekam den Nimbus der Unbesiegbarkeit.

Es war wirklich die verzweifeltste Situation in diesen Julitagen, als ich mit René in Toulouse zusammentraf. Erst 1944, als Frankreich befreit war, habe ich seinen wirklich Namen erfahren, Otto Niebergall, bekannt als kommunistischer Landtagsabgeordneter im Saargebiet. Nein, sagte er mir, wie hoffnungslos uns auch jetzt die Situation erscheint, wir dürften nicht resignieren. Denn die Völker würden auf die Dauer die Unterdrückung und die Ausplünderung ihrer Länder nicht ertragen, es werde Widerstand geben, nach und nach, erst allmählich. Der Widerstand werde zur Massenbewegung und am Ende stehe der Aufstand der Völker gegen die Besatzung. Dass er Recht behalten würde, zeigte sich, als wir in den Juli- und Augusttagen 1944 am Aufstand haben teilnehmen können. Aber damals, als er mir das sagte, kam es mir zunächst so vor, als würde er – am Strande des Meeres stehend – versuchen, den Wellen Einhalt zu gebieten.

Ich sollte mich so schnell wir möglich von der Internierung freimachen, in die besetzte Zone nach Paris zurückkehren, was ich sowieso in den nächsten Tagen vorhatte, und mich mit allen aus unserer Jugendgruppe, sofern sie zurückgekehrt waren, treffen und mit ihnen abstimmen, was wir tun könnten.

Ich hätte sofort illegal das Lager verlassen können, um nach Paris zu kommen. Doch legte ich großen Wert auf einen Demobilisierungsschein. Allein auch schon wegen der Überschreitung der Demarkationslinie. Der Capitaine verweigerte zunächst die Demobilisierung, offenbar wollte er sich den ruhigen Posten noch für Jahre sichern, bis ich schließlich doch meine Demobilisierung durchsetzte und im September 1940 Ettie und unser Neugeborenes in die Arme nehmen konnte. Nun, das Leben in Paris hatte sich inzwischen normalisiert. Angenehm überrascht kehrte die Pariser Bevölkerung von ihrer panischen Flucht in den Süden zurück, sobald der Waffenstillstand eintrat und keine gewaltsamen Plünderungen, keine Brandschatzungen, keine Fälle von Vergewaltigungen bekannt wurden. Im Unterschied zur Ostfront wurde gegen den Westen kein Vernichtungskrieg geführt. Ganz im Gegenteil, es gab die Bemühung der Naziführung, die Sympathie der Bevölkerung zur Unterstützung der Deutschen zu gewinnen. Da sagten viele: »Ils sont corrects«, »Ils

sont gentils«. An den Litfass-Säulen hing das Plakat eines deutschen
Soldaten mit einem französischen Kind auf dem Arm. Darauf stand:
»Von der Behörde im Stich gelassen, wir schützen euch!«

Zunächst waren nur wenige aus unserer Jugendgruppe zurückgekehrt. Wir waren zu viert. Von Résistance war noch kaum die Rede.
Es gab wohl von Radio London im Juni 1940 den berühmten Appell
von General de Gaulle zum Widerstand, aber er meinte damit vor
allem, sich auf den Tag vorzubereiten, wenn die nach Übersee ge-
retteten französischen Streitkräfte in Frankreich landen würden. Im
Juli kam der Aufruf des Zentralkomitees der KPF zum Widerstand mit
der Aufforderung, die von den flüchtenden französischen Truppen
weggeworfenen Waffen einzusammeln, sie zu verbergen, wir würden
sie gebrauchen können.

Unsere kleine Gruppe hatte bereits mit dem begonnen, was man
Widerstand nennen kann. Zunächst waren wir auf uns allein gestellt.
In unserer Wohnung traf sich die Gruppe. Das war noch möglich.
Wohl war die Besatzungsarmee in Paris und auch die Gestapo mit
der Liste der bekannten politischen Emigranten, derer sie habhaft
werden wollte. Jedoch waren wir für sie zu kleine Lichter und mussten
nicht damit rechnen, heimgesucht zu werden. Was wäre eigentlich
jetzt unsere Aufgabe?, fragten wir uns. Sicherlich das, was auch vor
dem Krieg unsere Aufgabe war, die Aufklärung der deutschen Bevölkerung. Wie schon erwähnt, hatte uns zeitweilig ein Sender zur
Verfügung gestanden. Manche Flugblätter und auf dünnem Papier ge-
druckte Tarnschriften waren auf verschiedenen Wegen nach Deutschland gelangt. Nun hatten wir die Deutschen bei uns. Was lag näher, als
sie mit unseren Möglichkeiten, also mit Streuzetteln und Flugblättern,
aufzuklären? Aber unsere kleine Gruppe besaß nicht einmal eine
Schreibmaschine, geschweige denn einen Abziehapparat. In einem
Spielwarengeschäft besorgten wir uns einen Kinderdruckkasten,
Zigarettenpapier konnten wir noch zuhauf erhalten, auch kleine
Klebezettel, die auf Schulhefte geklebt werden. Wir stempelten kurze
Losungen darauf wie »Schluss mit dem Krieg«, »Nieder mit Hitler«.
Wir wussten, wo Deutsche kaserniert waren und wo die leeren Militär-
LKWs standen.

Gegen Abend, bei Dämmerung haben wir die Streuzettel über die Kasernenmauer geworfen, da und dort Zettel angeklebt und auch in leerstehende Militär-LKWs geworfen.

Viele Jahre später sagte Ettie zu mir, sie könne es sich heute nicht mehr vorstellen, dass sie das Baby zu Hause gelassen habe, bei der Concierge, um an der Streuzettelaktion teilzunehmen. Was wäre aus dem Baby geworden, wenn es schief gegangen wäre?

So haben wir einfach angefangen, im September, Oktober 1940. Dabei haben wir uns absolut keine Illusionen gemacht, was wir damit erreichen würden. Ein Wehrmachtsangehöriger in seiner Sieges-euphorie würde sich an die Stirn tippen, wenn er so einen Zettel finden würde. Er konnte aber nicht wissen, woher und von wem ein Zettel in deutscher Sprache kam. Es könnte auch von einem aus den eigenen Reihen sein. Jedenfalls sollte er wissen: Auch in dieser Situation, wo fast jeder begeistert glaubte, vor dem Endsieg zu stehen, gab es noch Hitlergegner, Kriegsgegner. Vielleicht war es auch gegen-über den Franzosen nichts anderes als eine symbolische Handlung, die zeigen sollte, es gibt auch andere Deutsche, nicht jeder ist ein Nazi. Wir machten uns nichts vor, dass wir damit mehr als das bezwecken könnten.

Inzwischen war unsere Gruppe größer geworden, und wir wurden von einem erfahrenen Kadermann der KPD betreut. Streng haben wir die konspirativen Regeln nicht eingehalten, es ging noch einiger-maßen locker zu. Wir trafen uns regelmäßig in einem Restaurant in der Nähe des Place d'Opéra zur Besprechung mit unserem Berater, der natürlich nur einen Tarnnamen für uns hatte. Nach der Befreiung erfuhr ich, dass es sich um Paul Grasse gehandelt hat, der Jahre später verhaftet, an die Gestapo ausgeliefert und in Buchenwald eingesperrt worden ist. Vielleicht war diese lockere Haltung, die jeder Regel der Konspiration widersprach, nämlich: sich mit mehreren Personen regel-mäßig im selben Lokal zu treffen, mit einer Illusion zu erklären. Es gab tatsächlich die Illusion, dass angesichts des deutsch-sowjetischen Nichtangriffspakts und den entsprechenden Handelsabkommen die Naziführung sich in der Verfolgung der Kommunisten etwas zurück-halten würde. Tatsächlich hatte der Pariser Vorstand der KPF in den

Herbsttagen 1940 bei der deutschen Kommandantur ganz vorsichtig vorgefühlt, ob ihm die Herausgabe seiner Zeitung gestattet sei. Dafür war der Pariser Vorstand vom illegalen Zentralkomitee der KPF stark kritisiert worden. Er habe damit der gefährlichen Illusion Nahrung geliefert, die Naziführung könnte in der Verfolgung der Kommunisten zurückhaltender sein. Unsere kleine Gruppe spürte aber, dass wir nun nicht mehr allein auf uns gestellt waren, dass wir in den nach und nach sich organisierenden Widerstand einbezogen wurden.

Wie haben wir uns über Wasser gehalten? Meine Eltern lebten zunächst von finanziellen Reserven, denn an die Fortsetzung der Hutfabrikation war nicht zu denken. Inzwischen waren fast alle Lebensmittel rationiert, für die es Lebensmittelkarten gab. Dies betraf auch das Benzin, das für die Franzosen knapp zugemessen war. Omnibusse vor allem, aber auch Autos wurden mit Aufbauten von Kesseln als »Holzvergaser« umgerüstet, die den Motor mit Gas, erzeugt durch Holzkohle, in Bewegung setzten. Also wurden große Mengen von Holzkohle gebraucht. Um unseren Lebensunterhalt zu verdienen, verdingten mein Bruder Leo und ich uns bei einem Unternehmen, das im Osten Frankreichs ein Waldgebiet zur Herstellung von Holzkohle gepachtet hatte. Mit meinem Bruder lebte ich nun als Köhler im Wald und erlernte dabei den Beruf. Wir mussten das Holz herbeischaffen, den Ofen aufbauen, den Rauch kontrollieren. Solange er weiß blieb, verwandelte sich das Holz in Kohle. Ich lernte Schlingen legen, um Hasen zu fangen. Als ich zum ersten Mal einen erwürgten Hasen in meinen Händen hielt, habe ich mir geschworen: Das mache ich nie wieder und ich werde jeden daran hindern, so etwas zu tun! Unterkunft hatten wir in einem kleinen Wirtshaus.

Doch diese Arbeit war nur eine kurze Episode. Bald gaben die Unternehmer das Geschäft auf, und wir waren wieder arbeitslos. Zusammen mit meinem engsten Freund aus unserer Jugendgruppe, Roman Rubinstein, der unter Genossen und Freunden nur als Pysch bekannt war – keiner weiß, wie dieser Name entstanden ist –, bekam ich Ende 1940 die Empfehlung, uns in einem deutschen Baubetrieb zu bewerben. Der lag bei Pontoise, etwa 60 km nördlich von Paris, und baute einen Militärflughafen. Die deutschen Bomber flogen Tag und Nacht, bombardierten vor allem London, um England in die Knie zu zwingen. Ja sogar an Landung und Invasion der Insel wurde gedacht. Tausende mussten im Baubetrieb des Militärflughafens beschäftigt werden, um mit Schaufeln riesige Erdmassen zu bewegen, was heute eine Handvoll Männer mit modernen Baumaschinen besorgt. Die französischen Arbeiter, unter ihnen vor allem Marokkaner und Algerier, arbeiteten alle unter der Anleitung der deutschen Vorarbeiter. Die Firma brauchte Dolmetscher und war froh, wenn sich solche anboten. Ich habe meinen etwas jüdisch klingenden Namen verändert, nannte mich Ginhold, wurde auch unter diesem Namen gemeinsam mit Roman Rubinstein im Lohnbüro angestellt, ohne dass jemand nach den Papieren fragte. Die deutschen Bauingenieure und der Leiter des Lohnbüros, ein Hochgebildeter, der sich vor allem für die französischen Klassiker interessierte, machten nicht den Eindruck von überzeugten Nazis. Wir konnten einiges über die Stimmung in der deutschen Bevölkerung erfahren. Wir beide, Pysch und ich, waren natürlich in unseren Äußerungen höchst vorsichtig.

Wir beschafften uns mit dem offiziellen Hakenkreuzstempel versehene Blanko-Formulare, die bestätigten, dass der Inhaber eines solchen Formulars bei diesem deutschen Baubetrieb beschäftigt war. Eine dieser Bescheinigungen hat mir mein Leben gerettet. Als ich 1942 in Besançon, einer großen Stadt in Ostfrankreich, nach einer an die Deutschen gerichteten Flugblattaktion nicht mehr wegkam, musste ich in einem Hotel übernachten. Morgens um drei Uhr wurde ich von der Wirtin geweckt. Unten standen deutsche Feldgendarmen und erwarteten mich. Der erste Gedanke war: Es gibt keinen Fluchtweg, das ist das Ende! Sie wollten meine Papiere sehen und von mir wissen, was ich hier tue. Sie waren überrascht, als ich ihnen in fließendem Deutsch antwortete. Ich zeigte ihnen meine Papiere, erklärte, wieso ich als Franzose so gut Deutsch spreche, wobei ich natürlich den französischen Akzent betonte. Ich wies ihnen die Bescheinung der Leitung des deutschen Militärflughafens in Pontoise vor, in dessen Auftrag ich zwecks Aufkaufs von Holz in bestimmte bewaldete Gebiete Frankreichs geschickt worden sei. Es klang sehr überzeugend, und ich bemühte mich, selbstsicher aufzutreten. Ich atmete tief durch, als sie kein Misstrauen äußerten, mir die Papiere zurückgaben und von dannen zogen. Ich bin überzeugt, dass diese offiziellen deutschen Arbeitsbescheinigungen, auch die entsprechenden Stempel mit dem Hoheitszeichen, die wir entwenden konnten, manch anderem Résistance-Kämpfer Sicherheit gegeben haben.

Im Frühjahr 1941 änderte sich meine Situation grundlegend. Bislang hatte ich unbehelligt mit meiner Familie zusammenleben können, wenn es auch ein Leben in unheimlicher Ungewissheit war. Das Vichy-Regime hatte sich etabliert, die Lebensmittel mussten mehr und mehr rationiert werden, denn zunehmend wurde das Land ausgeplündert, wobei die Besatzer natürlich ganz »korrekt« mit Besatzungsgeld bezahlten. Das so beliebte Baguette, das knusprige Weißbrot, Tabak, Wein, Butter, Fleisch, Käse, kurz und gut, fast alles gab es nur noch auf Lebensmittelkarten. Der Schwarzhandel florierte. Viele Franzosen hatten Verwandte und Bekannte in der Provinz, aber auch auf dem Lande fehlten die Arbeitskräfte angesichts von Millionen Franzosen in Kriegsgefangenschaft. Die Stimmung in der Bevölkerung schlug allmählich um, ich hörte nicht mehr: »Les allemands sont gentils«. Der Widerstand begann, sich zu organisieren – berühmt ist die Aktion der Studenten am Place d'Etoile, den Champs Elysée am 11. November gegen die Parade der Wehrmacht.

Aktion Pariser Studenten vom 11. November

Nachdem die deutsche Besatzungsmacht der französischen Zivilverwaltung verboten hatte, den 11. November 1940 als Gedenktag für den Sieg und die französischen Toten im Ersten Weltkrieg zu begehen, demonstrierten mehrere tausend Studenten an diesem Tag am Arc de Triomphe und anderen Stellen in Paris. Diese Aktion, die für die Besatzungsmacht völlig überraschend kam, war ein erstes Signal für den beginnenden antifaschistischen Widerstand in Frankreich, die Résistance.

Es begannen nun auch Verhaftungen, zunächst waren fast nur Kommunisten betroffen. Auch mein jüngster Bruder Siegmund wurde bei einer kommunistischen Flugblattverteilung von der französischen Polizei verhaftet und zu einigen Monaten Gefängnis verurteilt; er hatte das unsagbare Glück, danach wieder freigelassen zu werden. In dieser Zeit, es war etwa im März 1941, bekam ich einen Wink, einen Hinweis, dass ich auf dem Baugelände unter Beobachtung stünde. Mir selbst waren schon einige Blicke an der Bahnsperre sehr verdächtig vorgekommen. Seitdem begann meine Illegalität. Ich schlief nicht mehr zu Hause. Mara, die Freundin und spätere Frau meines Bruders David, empfahl mir ein Zimmer, das ich weiß nicht wer gemietet hatte. Der Mieter war seit langem abwesend, das Zimmer also unbewohnt. Sie besaß dafür den Schlüssel, und ich konnte es als illegale Unterkunft benutzen. Ich erwähne dieses Detail, denn mit diesem Zimmer ist eine Tragödie verbunden, die mich mein ganzes Leben lang belastet hat.

Ich musste für Ettie unbedingt einen sicheren Ort finden. Denn da ich damit rechnete, dass ich gesucht würde, würde sie ständig Besuch von der Polizei bekommen, die sie ausfragte, wo ich sei. Damit sie sich nicht selber verdächtig machte und überzeugend antworten konnte, habe ich in verschiedenen Städten Hutgeschäfte aufgesucht, mit denen meine Eltern geschäftliche Verbindungen hatten. Dort hinterließ ich unterschiedlich datierte Briefe an Ettie mit der Bitte an die Inhaber, sie in gewissen Zeitabständen aufzugeben. So würde Ettie die Briefe von mir der Polizei vorzeigen können, wenn nach mir gefragt würde. Es hat einigermaßen funktioniert.

Bei einem Treff mit unserem Chef der Deutschen in der Résistance, also Otto Niebergall, den ich zu dieser Zeit als René, Gaston oder auch Florian kannte, erfuhr ich, dass wir alle in die MOI eingegliedert wurden. Die MOI – main d'oeuvre immigrée – wurde in den zwanziger Jahren von der KPF als gewerkschaftliche Organisation für die ausländischen Arbeiter gegründet, damit sie unter den gleichen Bedingungen wie die Einheimischen entlohnt würden. Diese MOI hat für die Résistance einen wesentlichen Beitrag geleistet. In ihrem Rahmen gehörten wir zum Sektor TA (»travail allemand« = deutsche Arbeit). Ich bekam den Auftrag, in Zusammenarbeit mit den Kameradinnen

und Kameraden der Résistance die TA in einem großen Gebiet Ost-
frankreichs zu organisieren, von Reims bis zur Demarkationslinie
an der Saône im Süden, im Osten bis zum Elsass und im Norden
bis Lothringen, was auch die Vogesen und den Jura umfasste – ein
wichtiges Partisanengebiet. Ich musste Otto Niebergall einen Pass
von mir übergeben. Beim nächsten Treff hatte ich meine gefälschte
Kennkarte mit dem komischen Namen Kîss. An den Vornamen erinnere ich mich nicht mehr. Otto Niebergall teilte mir gleich meinen
Treff in Dijon mit: den Tag, die Uhrzeit und wo ich einen Kameraden
namens Felix treffen würde. Ihm sollte ich den Teil eines auseinander
gerissenen Metro-Billetts zeigen.

Das funktionierte gut. Zum ersten Mal war ich in dieser be-
zaubernden, prachtvollen Stadt, ein strotzendes Palais neben dem
anderen, Wohnsitze der ehemaligen Gräfinnen und Grafen des
Burgunder-Reichs – und ich traf Felix. Klein, drahtig, vielleicht 30
Jahre. Er erzählte mir von vielen Verhaftungen in den letzten Tagen
in dieser Gegend, von Folter und Hinrichtungen, er selbst sei gefährdet, sein letzter Akt sei der Treff mit mir, er werde jetzt in einem
anderen Gebiet eingesetzt. Seitdem habe ich nichts mehr von ihm
gehört. Bevor wir uns verabschiedeten, gab er mir die Adresse eines
Eisenbahnarbeiters, wo ich zunächst meine Unterkunft bekam, und
den Treff mit einer Kameradin, Annette, die sich um mich weiterhin kümmern würde. Von dem Eisenbahner erfuhr ich viele Einzel-
heiten, wie in letzter Zeit mehrmals das Eisenbahnnetz um Dijon
durch Entgleisungen der Züge lahm gelegt wurde. Dijon verfügte über
ein wichtiges, umfangreiches Eisenbahnnetz vor allem für die Züge,
die nach Deutschland rollten. Die Eisenbahnwaggons waren voll mit
allem, was in Frankreich geraubt und geplündert worden war. Es gab
auch Anschläge auf Urlauberzüge, die für manche Soldaten den Tod
bedeuteten. Über Annette bekam ich die Verbindung zu den Verantwortlichen des F.T.P.F. (Francs-Tireurs et Partisans français) und
der Partisanengruppe dieser Region. Nur mit dieser Unterstützung
gelang es, die TA aufzubauen. Sie stellte mir die Druckerei für Flugblätter in deutscher Sprache, gerichtet an die Angehörigen der Wehrmacht, zur Verfügung, vermittelte mir die Verbindung mit den Ver-

antwortlichen der FTPF in allen wichtigen Orten der Regionen der Côte d'Or, der Champagne, dem Jura. Annette und ihre Schwester, die ebenfalls zur Résistance gehörte, hatten ihre Unterkunft in einer von der Wehrmacht beschlagnahmten Wohnung. Die wurde ihnen deshalb zur Verfügung gestellt, weil die beiden als Köchinnen im Wehrmachtskasino beschäftigt waren, aber nicht in Dijon wohnten. In einem Zimmer hatte ich meinen Arbeitsplatz mit meiner Schreibmaschine. Ich konnte in aller Ruhe, im Gefühl abgesichert zu sein, meine Flugblätter und Berichte schreiben. Denn an der Haustür stand auf Deutsch und Französisch: »Von der Wehrmacht beschlagnahmt«.

Weniger sicher fühlte ich mich in meiner ersten illegalen Unterkunft bei der Eisenbahnerfamilie. Wegen der sich häufenden Entgleisungen von Eisenbahnzügen musste ich damit rechnen, dass vor allem die Eisenbahner unter Beobachtung standen. Ich zog einfach in ein kleines bescheidenes Hotel, was auch so üblich war für einen längeren Aufenthalt. Nur musste ich darauf bedacht sein, dass ich weder bei den Hoteliers, noch beim Personal oder den Gästen Neugier aufkommen lassen durfte. Ich musste eine überzeugende, handfeste Legende haben. Daher erzählte ich allen – ob sie es hören wollten oder nicht –, woher ich sei, was ich hier in dieser Gegend tue, warum ich oft für einige Tage weg sei. Ich arbeitete für ein großes Möbelunternehmen, für das ich

Ein illegales Quartier in Dijon – es ist noch heute ein Hotel

holzverarbeitende Betriebe aufsuchte. Ich hatte mir Möbelprospekte
besorgt, die ich auf meinem Nachttisch liegen ließ. Außerdem hatte
jedes Zimmer auf dem Nachttisch ein katholisches Gebetsbuch. Ich
ließ es immer aufgeschlagen. Wenn ich im Hotel am Tisch mit den
anderen Gästen zusammen war, erzählte ich ungefragt von meinem
Tagesablauf, von Arbeitserfolgen oder auch Misserfolgen, so war jede
Neugier befriedigt. Niemand schöpfte den geringsten Verdacht, ich war
sicher in diesem Hotel. Tatsächlich, als ich verhaftet wurde, ist meine
eigentliche Unterkunft nicht entdeckt worden. Ich besaß wohl einen
Kalender, aber auf keinem Blatt stand eine Eintragung. Doch hatte
ich fast jeden Tag immer in einer andern Stadt einen Treff. Belfort,
Besançon, Troyes, Châlons s/Marne, Reims, Dole, Belfort, Beaune,
Chalon s/Saône, vor allem Dijon. Nach jedem Treff wurde der Termin
für das nächste Mal neu vereinbart. Ich musste mir alles im Gedächtnis
einprägen, weder im Kalender noch auf einem Zettel durfte ich etwas
vermerken. Das Gedächtnis war derartig trainiert, dass ich keinen Treff
versäumt habe. Ein Grundprinzip der Konspiration war es, unbedingt
pünktlich zu sein und höchstens ein paar Minuten zu warten. Sollte der
Partner nicht in Sicht sein, galt es, sofort zu verschwinden. Dann galt die
Regel: Sieben Tage später zum selben Ort zur selben Zeit zu kommen.
Wenn dann der Treff wieder nicht zustande kam, musste damit gerechnet werden, dass die Kontaktperson verhaftet worden war.

   Als sehr wichtig hatte es sich erwiesen, dass nichts notiert, sondern
alles im Gedächtnis bewahrt war! Als ich verhaftet wurde, galt ihr
erstes Interesse dem Kalender, jedes Blatt wurde genau untersucht,
jedes Stückchen Papier bei mir nach Notizen oder irgendwelchen
Schriftzeichen durchforscht. Das geschah bei jeder Verhaftung. Wie
gut, dass ich mich immer an dieses Prinzip gehalten hatte. In Reims
hatte ich meinen regelmäßigen Treff mit dem Drucker. Er nannte
sich François. Ihm übergab ich mein Manuskript für das Flugblatt in
deutscher Sprache. In der Woche darauf, beim nächsten Treff, übergab
er mir das Paket mit den gedruckten Flugblättern, meist in einem 5er
Format. Da er kein Wort Deutsch konnte, war es natürlich nicht fehler-
los, aber das war nicht allzu schlimm. Die Verteilung der Flugblätter
organisierte ich bei meinen Treffs in den verschieden Orten. Mit Hilfe

der Kameraden der FTPF flatterten die Zettel über die Mauern der kasernierten deutschen Soldaten oder wurden in der Nähe der Kasinos gestreut. Systematisch sammelte ich die Postanschriften deutscher Verwaltungsstellen, der Kommandanturen, sonstiger deutscher Einrichtungen. Die gab es in jedem Ort zuhauf. Die Flugblätter und sonstige zentrale Materialen, die ich von jedem Treff mit der zentralen Leitung in Paris mitnahm, kamen in ein Couvert. In meinem Arbeitszimmer schrieb ich die Anschriften, die ich systematisch gesammelt hatte, was ziemlich viel Arbeit bedeutete. Die Kuverts frankierte ich und brachte sie auch mit Hilfe der französischen Kameraden in verschiedene Briefkästen in verschiedenen Orten. Ich war sicher, vieles von dem ist gelesen worden. Aber für mich verschwammen sie wie im Nebel, ich konnte keine Reaktion erfahren. Zufällige Begegnungen mit einem Besatzungsangehörigen gab es hier und da, der meist angenehm überrascht war, sich mit einem Franzosen auf Deutsch unterhalten zu können, wobei ich immer beachten musste, dass mein Deutsch mit starkem französischem Akzent durchsetzt war. Zudem erklärte ich immer, warum ich so gut deutsch spräche. Noch 1942 schwärmte mir ein Soldat vor, wie er, der von Beruf Bauer war, später in der Ukraine ein großes Gut erhalten würde mit Russen als Sklaven.

Ich hatte einen regelmäßigen vierwöchentlichen Kontakt mit der zentralen Leitung in Paris. Eine Zeitlang war es Otto Niebergall, den ich traf, dann für eine kurze Zeit, Artur London, den ich damals nur unter dem Namen Gérard kannte. Ihm stand nach dem Krieg ein tragisches Schicksal bevor.

Artur London und der Slansky-Prozess

Artur London (1915-1986) war tschechischer Kommunist, der in Spanien in den Internationalen Brigaden gekämpft hatte und anschließend im französischen Exil den Widerstand mit organisierte. Von der Gestapo verhaftet wurde er 1943 bis 1945 im KZ Mauthausen inhaftiert.

1948 kehrte er in die Tschechoslowakei zurück und wurde 1949 stellvertretender Außenminister. Im Zusammenhang mit der von Stalin veranlassten Anklage gegen den ehemaligen Generalsekretär der KPTsch Rudolf Slánský wurde auch Artur London Ende 1951 verhaftet. In einem Schauprozess in Prag, der sich insbesondere gegen Westemigranten und jüdische Mitglieder der Leitung der KPTsch richtete, entging er im November 1952 nur knapp der Todesstrafe, wurde aber zu lebenslanger Haft verurteilt. Nach dem Ende der stalinistischen Epoche wurde er 1956 freigelassen, 1963 juristisch rehabilitiert. Er wanderte im gleichen Jahr nach Frankreich aus.

Danach war meine Kontaktperson zur Leitung Erna, eine ältere Frau. Später erfuhr ich, dass sie die Frau des legendären Richard Stahlmann war, der eine führende Rolle im spanischen Bürgerkrieg gespielt hatte und dem der Schriftsteller Peter Weiß in seinem Buch »Ästhetik des Widerstands« ein Denkmal setzte. Das vierwöchentliche Treffen in Paris war natürlich auch verbunden mit dem Zusammensein mit der Familie, den Eltern, vor allem mit Ettie und unserem Kind. Wir trafen uns meist in der Wohnung unserer Concierge, manchmal auch unter nicht so strenger Einhaltung der konspirativen Regeln. Nicht in Worte zu fassen, was es für mich immer bedeutete, das Kind auf die Arme zu nehmen, wie es juchzte, wenn es mit dem Papa auf dem Fahrrad durch den Wald von Boulogne fuhr, wie es mit mir scherzte und mich nicht mehr loslassen wollte, wenn es zum Abschied kam! Und wie herzzerreißend war dann immer der Abschied von Ettie, stets im Bewusstsein, wir könnten uns nie wiedersehen!

Die Verfolgung der jüdischen Emigranten

Inzwischen waren alle in Frankreich lebenden Menschen jüdischer Herkunft aufgefordert worden, sich in den Polizeirevieren zu melden, um sich registrieren zu lassen. Eigentlich hätte jeder verstehen müssen, was dies für die Zukunft bedeutete, wenn die deutsche Besatzungsmacht diese Anweisung gab. Ohne eine solche Registrierung konnte keine Behörde wissen, wer Jude war. Bekanntlich sind in Frankreich seit der französischen Revolution von 1789 Staat und Religion streng getrennt. Ich konnte nicht verstehen, dass sich jüdische Menschen haben registrieren lassen. Vielleicht waren es solche, die einen typisch jüdischen Namen hatten und es deshalb nicht verschweigen konnten. Ich war entsetzt, ja wütend, als ich erfuhr, dass sich meine gesamte Familie hatte registrieren lassen. Auch Ettie, deren Geburtsname Stein-Haller deutsch klingt. So wurde in alle ihre Kennkarten das J eingestempelt. Das war die Voraussetzung für die Deportation der jüdischen Bevölkerung nach Auschwitz: über achtzigtausend Männer, Frauen, Kinder, Alte und Kranke.

Nun befand ich mich Mitte Juli 1942 wieder in Paris. Es war reiner Zufall. Das Gerücht ging um, in diesen Tagen werde man wieder jüdische Menschen aus ihren Wohnungen holen. Man glaubte, es beträfe nur die Männer. Es war am Vorabend des 16. Juli. Die Gerüchte verstärkten sich. Es gab Warnungen, man solle seine ganze Familie aus den Wohnungen in Sicherheit bringen. Ich konnte nicht zu Hause bei Ettie sein, hatte in Paris mein illegales Quartier. Von Ettie erfuhr ich später, dass am frühen Morgen des 16. Juli der von der Frühschicht als Metrofahrer heimkehrende Nachbar an ihre Wohnungstür geklopft und sie gewarnt hatte, unzählige Polizeiomnibusse seien unterwegs, die die jüdische Bevölkerung aus den Wohnungen hole. Darauf schnappte Ettie unser Kind und flüchtete in die Wohnung unserer Concierge, Madame Prime, in der Square de Rocamadour am Bois de Boulogne. Das war ihr erster Unterschlupf. An diesem Morgen des 16. Juli war ich in der Wohnung meiner Eltern, fand meine Brüder und eine Schwester vor. Wir wussten, was im Gange war, aber noch war die Polizei nicht hier. Jetzt ging es darum, alle Familienangehörigen aus dem Haus und zumindest in einen provisorischen Unterschlupf zu bringen. Mit Hilfe der Concierge unserer Wohnung in der Villa Dufresne, Madame Jannier, überzeugten wir die Hausbesitzerin, die noch ein weiteres Haus besaß, dessen Untergeschoss unbewohnt war, dort für einige Zeit jüdischen Familienangehörigen Raum zur Verfügung zu stellen. So habe ich unsere ganze Familie zunächst in Sicherheit unterbringen können. Meinem Bruder Leo empfahl ich, in meinem illegalen Zimmer in der Rue Mont St. Geneviève im Quartier Latin unterzuschlüpfen. Ich gab ihm meine Carte d'Identité, in der kein J eingestempelt war und mit der er sich ungehindert bewegen konnte. Er sah etwa aus wie ich, war ein Jahr älter. Ich hatte außerdem noch eine gefälschte Kennkarte, die mich als Franzosen ausgab, und ich sagte Leo, ich könne damit in jedem Hotel unterkommen. Ich nahm ein Hotelzimmer und habe seitdem meinen Bruder nie wieder gesehen. Denn am nächsten Morgen kam die Polizei in mein illegales Quartier, fand meinen Bruder vor und er wurde als Peter Gingold verhaftet. Als ich davon erfuhr, hat es mich wie ein Keulenschlag getroffen. Es war, als ob der Himmel auf mich herabstürzte, ich war völlig fassungslos. Wie war das nur möglich gewesen? Wir wälzten alles Erdenkliche und Unmögliche hin und her. Wir konnten uns nicht vorstellen, dass die Polizei mir auf der Spur war und mich abholen wollte. Nur zwei Möglichkeiten gab es zu erwägen. Es konnte sein, dass die Concierge beobachtet hatte, dass ein für sie Fremder drei Etagen hoch in mein Zimmer ging und nicht wieder zurückkam. Hatte sie der Polizei einen Wink gegeben? Bekanntlich waren die Concierges oft Zuträger der Polizei. Die andere, wahrscheinlichere Version war: Die Polizei war an diesem Morgen unterwegs gewesen, um die jüdischen Menschen aus den Wohnungen zu schleppen. Offenbar war der offizielle Mieter dieses Zimmers ein Jude, der sich hatte registrieren lassen und den sie nun holen wollte. Stattdessen fand sie meinen Bruder vor und nahm ihn mit. Meine Kennkarte ohne »J« hat ihn nicht gerettet. Man fand sicherlich bei ihm seine richtige Kennkarte mit »J«, was zu seiner Verhaftung ausreichte. Er kam ja auch zunächst wegen des Besitzes eines falschen Ausweises in Haft. Über einen Anwalt versuchten wir, ihm noch andere Gesetzwidrigkeiten anzulasten, um zu erreichen, dass er zu einer längeren Gefängnisstrafe verurteilt würde, so dass er die Chance hätte, der Deportation zu entkommen. Vergeblich. Wochen später erhielten wir von ihm die Nachricht, dass er sich mit anderen jüdischen Menschen im Sammellager Roland-Garros, südlich von

Paris, befinde. Danach erhielten wir von meinem Bruder nur noch eine Nachricht: dass er in das Sammellager Drancy in der Nähe von Paris gebracht wurde, von wo aus die Transporte nach Auschwitz gingen. Seitdem ist jede Spur von ihm verloren. Wenn Leo nicht vorher umgebracht worden ist, fand er sein Ende in der Gaskammer. Er hat mir mein Leben gerettet, mich vor Auschwitz bewahrt, während er durch mich nach Auschwitz kam und ein entsetzliches Ende gefunden hat. Sein Schicksal wäre meines gewesen, denn normalerweise hätte ich in dieser Unterkunft die Nacht verbracht. Dies lässt mich nicht mehr los! Er rettete mein Leben, ich brachte ihm den Tod. Das verfolgt mich Tag und Nacht bis an mein Lebensende. Wie oft träume ich, Leo sei wieder da, mitten in unserer Familie. Er ist wieder unter uns! Wie glücklich bin ich dann, meinen Bruder wohlbehalten an meiner Seite zu erleben. Ach, und dann das traurige, schmerzliche Erwachen, immer bleibt der Gedanke, dass ich ihm mein Leben verdanke.

Diese Zeilen konnte ich nur unter Tränen schreiben.

Illegal unter Franzosen

Meine Eltern und die Geschwister konnten nicht lange in der provisorischen Unterkunft in der Villa Dufresne bleiben, ebenso wenig wie Ettie mit unserem Kind bei der Concierge Madame Prime. Unsere Sorge galt auch den beiden Kindern meiner Schwester Dora, die nicht sicher untergebracht waren. Wir brauchten für alle eine dauerhafte Bleibe. Es ergab sich glücklicherweise eine günstige Möglichkeit. Mein Bruder Siegmund war seit langem mit einem verarmten französischen Rentner Namens Boirwin befreundet. Dieser bot sich an, unter seinem Namen in den Pariser Vororten für unsere Familie ein Wochenendhäuschen zu mieten. Wir fanden es in dem Örtchen Mériel etwa 50 km nördlich von Paris, es hatte sogar einen kleinen Garten. Dort wohnten ab August 1942 meine Eltern, meine Schwester Fanny und meine Schwester Dora mit ihrem Mann, Henry Buchband und ihren beiden Kindern sowie Ettie und unser Kind. Eine große Familie, was in diesem kleinen Ort ziemlich auffällig war. Meine

beiden Brüder David und Siegmund ließen sich als Dolmetscher in
einem von der Besatzungsbehörde organisierten landwirtschaftlichen
Betrieb in Nordfrankreich einstellen; von dort aus begannen sie ihre
Sabotagearbeit und sie hatten großes Glück, dass sie nicht auffielen.
Bei meinen alle vier Wochen stattfindenden Treffen in Paris miss-
achtete ich leichtsinnig alle Regeln der Konspiration und verbrachte
zwei, drei Tage im Kreis meiner Familie in Mériel, um mich, soweit
ich es konnte, um ihre Angelegenheiten zu kümmern. Das Häuschen
hatte, wie alle französische Wohnungen, eingebaute Schränke. Einer
war so tief, dass man darin sitzen konnte. Das war die illegale Schreib-
stätte für Ettie. Ihr wurde eine tragbare, flache Schreibmaschine ver-
schafft. Auf ihr schrieb sie die Matrizen für die illegalen Flugblätter.
Die Manuskripte erhielt sie bei ihren regelmäßigen Treffen in Paris
und beim nächsten Treff übergab sie die beschriebenen Matrizen. Es
waren Flugblätter, auch Zeitungen, an die Angehörigen der Wehrmacht gerichtet. Sie hatten oft den Titel: »Soldat im Westen«. Diese
Flugschriften informierten über die Kriegsverbrechen und die Kriegssituation, ließen Soldaten zu Wort kommen; sie appellierten an die
patriotischen Gefühle: »Hitler treibt Deutschland in den Untergang!«,
»Rettet Deutschland vor dem Untergang!«, »Deutschland muss leben,
darum muss Hitler fallen!«, »Beteiligt euch an keinem Verbrechen
gegen das französische Volk!«, »Unterstützt den französischen Widerstand«.

Auf Deutsch und Französisch war vermerkt: »Wer dieses Flugblatt vorweist, gibt zu erkennen, dass er Hitlergegner ist. Unterstützt
ihn.« Nachdem Frauen und Männern unterschiedlicher sozialer Herkunft und politischer Richtung im Herbst 1943 das »Komitee Freies
Deutschland für den Westen« (auf Französisch »C.A.L.P.O.« – Comité
›Allemagne libre‹ pour l'Ouest) gegründet hatten, erschienen die Flugblätter und Zeitungen meist unter dem Titel »Volk und Vaterland«. Sie
waren zum großen Teil von Ettie auf Matrizen geschrieben. Sie tippte
sie auf der Schreibmaschine in jenem Wandschrank, in den sie sich
immer verkroch, damit keiner das Tippen hören konnte.

Die Eltern durften das Häuschen nie verlassen. Zwar waren auch
sie mit falschen Ausweisen als Franzosen ausgestattet. Doch hätten

sie, die kaum Französisch sprachen, keiner Kontrolle standhalten können. Sie waren von 1942 bis zur Befreiung in den Augusttagen 1944 buchstäblich eingesperrt. Ettie, die ohne Akzent Französisch sprach, sich also leicht bewegen konnte und in der ländlichen Gegend die Strecken mit dem Fahrrad bewältigte, versorgte sie und die Kinder mit allem Notwendigen. Sie organisierte sogar für den Schwiegervater Schneiderarbeit. Irgendwie bekamen wir eine Nähmaschine ins Haus, auch ein Bügeleisen. An einem Geschäft hatte Ettie eines Tages einen angeklebten Zettel gelesen: »Schneider für Konfektionsarbeiten gesucht«. Mit Namen, Adresse in Reims und Telefonnummer. Nach Absprache mit meinem Vater nahm sie mit der Person Kontakt auf. Und sprach offen mit ihr: Der Schneider, den sie anzubieten habe, müsse anonym bleiben. Er sei bereit, unter der Bedingung die Arbeit zu übernehmen, dass sie, Ettie, den Auftraggeber an einem von ihr angegebenen Ort treffe, das zu verarbeitende Arbeitsmaterial übernehme, um dann Tage später die fertige Arbeit zu dem ausgemachten Termin zu übergeben. Das lief wie am Schnürchen. Offenbar war der Geschäftsmann zuverlässig, ihn interessierte nur, dass er einen guten Schneider gefunden hatte, mit dessen Arbeit er sicherlich sehr zufrieden war. Er stellte auch keine weiteren Fragen und bezahlte prompt. Und so hatten meine Eltern auch unter diesen schweren Bedingungen nicht nur ein Einkommen, sondern auch, was für meinen Vater noch wichtiger war, eine befriedigende Beschäftigung, die ihm über die schwierige Zeit des Eingesperrtseins hinweg geholfen hat.

Ein anderes Problem war die Versorgung mit Lebensmitteln, die ja nur auf Karten zu haben waren, die wir aber nicht besaßen. Ettie fand Mittel und Wege. In der Résistance war ich ausreichend mit Lebensmittelkarten versorgt und brachte vieles mit, wenn ich meine Familie besuchte. Man kann sich vorstellen, mit welcher Sorgfalt ich auf dem Wege nach Mériel alles im Auge hatte, was hinter mir oder neben mir war, besonders im Zug, beim Aussteigen auf dem übersichtlichen kleinen Bahnhof, dann auf dem menschenleeren, einsamen Weg zu unserem Häuschen. Später erhielt auch Ettie Lebensmittelkarten, da sie ebenfalls in die Résistance einbezogen war. Mittlerweile hatte sie freundschaftliche Kontakte zu bäuerlichen Gehöften in der Um-

gebung und kam auch ohne Lebensmittelkarten zu Eiern, Butter und
Milch. Ein Bauer, von dem sie ausreichend Milch holte, machte ihr
Liebesangebote, denn er hörte, dass sie keinen Mann habe. Wenn ihr
zuvor in Paris Brotmarken gefehlt hatten, klaute sie im Gedränge des
Ladens ab und zu Brot. Das konnte sie sich an ihrem kleinen Wohnort
auf dem Dorf nicht erlauben.

Eines Tages brannte es – buchstäblich. Vor allem die Kinder
mussten so schnell wie möglich aus dem Haus gebracht werden.
Zwei französische Gendarmen gingen auf unser Haus zu. Ettie war
zugegen, sah durch das Fenster die beiden Gendarmen kommen. Da
gab es für sie und die Eltern nur einen einzigen Gedanken: Jetzt ist
alles aus, das ist das Ende! Ettie wurde ganz blass – ich kann mir vorstellen, welcher Schreck ihr in die Glieder fuhr. Sie nahm ihre Papiere
und ging geistesgegenwärtig den Gendarmen entgegen, um zu verhindern, dass sie ins Haus kamen. Sie ließen sich ihre Papiere zeigen,
beäugten sie gründlich und gaben sie ihr mit der Bemerkung wieder
zurück: »Alle Achtung, die sind gut gemacht.« Und dann sagten sie:
»Wir sind nur mal neugierig, aber Sie und die im Hause interessieren
uns nicht. In der Nähe ist uns ein Einbruch gemeldet worden, wir sind
deshalb auf der Suche.« Dann verabschiedeten sie sich. Welch eine
Erleichterung, dieses Gefühl, wieder davon gekommen zu sein! Aber
wir verstanden die Warnung, schleunigst die Kinder aus dem Haus
zu geben.

Ettie und ich waren eng befreundet mit der kommunistischen
Schusterfamilie Andreansen im Pariser Vorort Pierrelafitte. Wir
wussten, dass Adolf Pöffel, ein ehemaliger deutscher Spanienkämpfer,
als er gesucht wurde, bei dieser Familie eine sichere Unterkunft gefunden hatte.

Die Tochter der Schusterfamilie, Liese, gehörte zu der Gruppe der
Résistance, die speziell die Aufgabe hatte, bedrohte jüdische Kinder
bei französischen Familien in Sicherheit zur bringen. Ihr haben wir
zu verdanken, dass schließlich unsere Alice und die beiden Kinder
meiner Schwester, Hélène und Gilbert, in einer sicheren Unterkunft
bei einer Bauernfamilie in dem Dörfchen Tréloup an der Marne, bei
Dorman, untergebracht wurden. Bevor es dazu kam, hatte ich auch

mit meinen französischen Kameraden das Problem, unsere Kinder in Sicherheit zu bringen, besprochen. Kurz darauf teilte mir ein Kamerad mit, dass er zumindest für mein Kind eine sichere Unterkunft habe. Bei einer Familie in Bar-le-Duc. Er gab mir eine Adresse, die ich Ettie beim nächsten Zusammensein weitergab. Wir verabredeten, gemeinsam das Kind zu dieser Unterkunft zu bringen. Es war der 4. Januar 1943. An diesem Tag sollte sie mich mit dem Kind im Bahnhof Châlons s/Marne zur festgelegten Ankunftszeit des Zuges aus Dijon erwarten. Ich kam

Peter mit seiner ersten Tochter Alice 1943 in Frankreich

nicht an. Am Vortage verhaftet, saß ich in der Zelle und je näher der Zeitpunkt heranrückte, an dem ich im Bahnhof Châlons s/Marne erwartet wurde, wuchs die Verzweiflung in mir. In meiner Zelle hatte ich nur einen Gedanken: Ettie und mein Kind stehen auf dem Bahnsteig, der Zug läuft ein, und das Kind erwartet mich freudig: Jetzt kommt Papa! Aber er kommt nicht. Diese große Enttäuschung! Aber noch ist viel Hoffnung, dass er vielleicht den Zug versäumt hat. Und sie warten auf den nächsten Zug. Doch wieder nichts. Vor meinen Augen sah ich meine trostlos verzweifelte Ettie, die jetzt die Gewissheit hatte, dass mir etwas passiert war. – Ettie erzählte mir später, wie das Kind reagierte: »Papa est méchant, il ne vient pas« (Papa ist böse, er kommt nicht). Glücklicherweise besaß Ettie die Adresse der Familie in Bar-le-Duc. Sie konnte das Kind dorthin bringen, wo es erwartet wurde. Bar-le-Duc liegt an der Strecke Châlons s/Marne – Metz.

Der Schmerz des Erinnerns

Ich saß verhaftet in der Zelle. Wie war es zu meiner Verhaftung gekommen? Seit Frühjahr 1942 organisierte ich die »TA« in der Region Ost-Frankreich mit dem Sitz in Dijon. Bei einem Treff mit dem Verantwortlichen der FTPF, der Partisanengruppe, wurde mir vorgeschlagen, in meine Arbeit einen desertierten Wehrmachtsangehörigen einzubeziehen, der sich seit geraumer Zeit in ihren Reihen befinde. Er sei Elsässer, ich könnte ihn also wegen seiner deutschen Sprache gut gebrauchen. Mir kam es sehr gelegen. Mit ihm wurde ein Treff vereinbart, wir trafen uns in einem Bistro. Ich fragte ihn ein wenig aus, warum er desertiert sei, informierte ihn über meine Arbeit, um zu erfahren, was er dazu beitragen könnte. Mir fiel auf, dass er mir nicht in die Augen schauen konnte. Er bot mir gleich seinen Dienstrevolver an, den er mitgenommen hatte. Irgendwie kam er mir etwas angeberisch vor, was mir nicht sehr gefiel, aber ich konnte mich ja in der Einschätzung eines Menschen täuschen. Jedenfalls führte ich ihn in unsere Arbeit ein. Zu diesem Zweck hatten wir unseren regelmäßigen Treff, aber immer zu einem anderen Zeitpunkt und an anderer Stelle. Das ging eine Zeitlang gut. Einmal bemerkte ich, als ich nach einem Treff mit ihm auf dem Weg zu meinem Arbeitszimmer war, dass ich von einem Typen, der mir sehr deutsch vorkam, beobachtet wurde. So schlug ich rasch einen ganz anderen Weg ein. Es wiederholte sich mehrmals, dass ich bei einer Zusammenkunft mit dem Deserteur, die immer an einem anderen Zeitpunkt und Ort stattfand, Beobachtung feststellte. Es war deutlich erkennbar, dass es sich um Deutsche handelte, ich konnte sie an ihren typischen Trenchcoatmänteln erkennen. Da wurde mir klar, dass der »Deserteur« ein Spitzel war. Das teilte ich beim nächsten Treff dem Chef der FTPF mit. Er war ganz erschrocken, denn, wie er mich wissen ließ, befand der Spitzel sich seit Wochen in ihren Reihen und kannte viele Stützpunkte. So gab es aus Gründen der Sicherheit keine andere Lösung, als ihn so schnell wie möglich »unschädlich« zu machen. Zu diesem Zweck verabredete ich mich mit dem »Deserteur« im Zentrum von Dijon. Es dämmerte schon. Ich teilte ihm mit, dass er aus Gründen der

Sicherheit eine neue Aufgabe und auch neue Papiere erhalten würde. Ich müsste ihn zu den entsprechenden Kameraden bringen. Als wir losmarschierten, nahm ich gleich wahr, dass wir von zwei Männern beschattet wurden, sie waren eindeutig als Deutsche zu erkennen. Ich musste sie loswerden oder das ganze Vorhaben abbrechen. Da kamen mir die Dämmerung zugute und die kleinen verwinkelten Gässchen in der Altstadt. Unter einem Vorwand trieb ich den »Deserteur« zur Eile an, von einem Gässchen in das andere: Ich spürte, wie er immer nervöser wurde, ständig hinter sich schaute, offenbar, um sich der Beschattung zu vergewissern, die für ihn Sicherheit bedeutete. Wie Hasen schlugen wir Haken. Endlich hatten die »Schatten« uns verloren. Immer öfter blickte er hinter sich, immer größer wurde seine Unsicherheit. Ich aber atmete auf und brachte ihn auf einem langen Weg zu der verabredeten Stelle am Rande eines Kanals. Dort übergab ich ihn den wartenden Kameraden und verabschiedete mich. Anschließend nahm ich den Zug nach Paris zu meinem regelmäßigen Treff mit der Leitung. Am nächsten Tag wurde mir mitgeteilt, dass es in dieser Nacht in Dijon und in der Umgebung eine Massenverhaftung gegeben habe. Etwa 30, 40 Kameraden wurden geschnappt. Was an diesem Abend mit dem »Deserteur« auch immer geschah, dem SD (»Sicherheitsdienst«) jedenfalls war klar geworden, dass er als Spitzel enttarnt worden war – für sie das Signal zuzuschlagen, alles schlagartig auszuheben, wozu er die Informationen geliefert hatte. Das bestätigte uns endgültig, dass es sich um einen Spitzel gehandelt hatte. Man warnte mich, nach Dijon zurückzukehren, da ich nun gefährdet sei. Ich würde in einem anderen Gebiet eingesetzt, in der Bretagne. Darauf hatte ich mich schon eingestellt, aber ich brauchte mein Arbeitsmaterial, die Unterlagen, vor allem – das Kostbarste – die Schreibmaschine. Sie war kaum auf legale Weise zu beschaffen. Ich war überzeugt, dass der SD mein Arbeitszimmer in der Rue Diderot nicht aufgespürt hatte.

Dann machte ich die größte Dummheit meines Lebens, was mir teuer zu stehen kam: Etwa eine Woche nach der Massenverhaftung schlug ich alle Warnungen in den Wind und fuhr nach Dijon zu meinem Arbeitszimmer. Am und im Haus spürte ich nichts Verdächtiges, ich stieg eine Etage hoch – auch im Flur nichts Auffälliges, ich schloss die Tür zur Wohnung auf und – da stürzten sich zwei Polizisten in Zivil auf mich und fesselten mich. Sie hatten Tag und Nacht auf mich gewartet. Es handelte sich um französische Polizisten. Ich begann, mit ihnen zu diskutieren. In ihren Händen hatten sie die Flugblätter und Manuskripte in deutscher Sprache. Ich versuchte, an ihren Patriotismus zu appellieren, dass ich doch für sie ein französischer Patriot sei, der mitkämpfe, Frankreich von der Hitlerokkupation zu befreien. Sie sollten mich laufen lassen und niemand würde erfahren, dass ich wiedergekommen sei. Sie antworteten, sie würden mir entgegenkommen und alle Papiere, die sie hier vorgefunden hatten, in den Ofen stecken. Das taten sie auch. Aber alles Zureden, auch der eindringlichste Appell, mich laufen zu lassen, half nicht. Sie führten mich zur Préfecture de Police. Ein Dolmetscher, sicherlich im Dienst des SD, sprach mich in polnischer Sprache an, versuchte mich zum Sprechen zu bringen und schlug mich zusammen. Dann wurde ich dem SD, das heißt der Gestapo übergeben. Später erfuhr ich, dass es der dortige Gestapochef war, der mich in eine Einzelzelle ins Dijoner Gefängnis brachte und mich mit Fäusten traktierte. Noch am selben Abend kam ich zur Vernehmung in das Hauptquartier des SD, das in einer prächtigen Villa untergebracht war. Man führte mich in ein Zimmer. Dort wurde mir verkündet, dass in einigen Augenblicken der kommandierende General Müller erscheinen werde, um mit mir zu sprechen. Die Tür ging auf, er kam herein. Er sprach auf mich ein, und gab mir sein Generalsversprechen, dass ich den Krieg überleben könnte, wenn ich nur alles, was ich wüsste, sagen würde. Ich blieb stumm. Er wartete eine Zeitlang, ebenfalls stumm, und verschwand wieder.

Ich stand vor einem Schreibtisch, dahinter saß dieser Gestapomensch, der mich ins Gefängnis gebracht hatte. Auf dem Tisch lag eine Stahlrute. Die nahm er in die Hand und sagte zu mir: »Jetzt wirst Du das blaue Wunder erleben.«

Im Gefühl der Siegesgewissheit, kündigte sich doch die Niederlage der Hitlerwehrmacht mit dem Untergang einer ganzen deutschen Armee von sechshunderttausend Mann in Stalingrad an, antwortete ich ihm euphorisch: »Es sind Sie, die Ihr blaues Wunder erleben, die verlorene Schlacht in Stalingrad«. Das war natürlich dumm von mir, ihn derartig zu reizen. Wutentbrannt kam er nun mit dem Stahlknüppel über mich und zeigte mir, was er mit dem »blauen Wunder« gemeint hatte. Blutüberströmt wurde ich anschließend in die Zelle gebracht, auf ein Eisenbett ohne Unterlage geworfen, die Hände oben am Bett und die Füße unten straff angekettet. So festgespannt Tag und Nacht zu liegen, erzeugte fürchterliche Schmerzen am Unterarm. Vom Bett wurde ich nur losgekettet, wenn mir etwas zum Essen gebracht wurde oder ich meine Notdurft verrichten musste. Die Ketten an den Händen und Füßen blieben aber. Wenn ich zur Vernehmung in das Gestapoquartier gebracht wurde, musste ich mich splitternackt ausziehen, auf den Boden legen, mich immer wieder umdrehen und wurde durchgepeitscht. Tagelang ging es so, sie wollten mich zum Sprechen bringen. Bei der Vernehmung wurde mir gesagt, auf Grund von Aussagen der vor mir Verhafteten sei klar, dass ich der Chef der Widerstandsbewegung in dieser Region sei; sie wurde als Terrorbewegung bezeichnet. Hier war der bewaffnete Widerstand besonders stark. Bei den Vernehmungen wurden mir die »Verbrechen« vorgehalten: In einem der Urlauberzüge nach Deutschland habe es viele Tote gegeben; außerdem wurden die Kanalschleusen gesprengt, mehrmals Militärkonvois überfallen, wobei es immer Tote gegeben hat. Daher hatten die Nazis für uns keine andere Bezeichnung als Terroristen. Und ich sei ihr Chef. Ich habe es nicht bestritten und sie einfach in diesem Glauben gelassen. Allmählich wurde mir klar, warum ich an Händen und Füßen festgekettet war und warum ich nicht – wie manche andere – zu Tode gefoltert wurde. Als Chef einer solchen Widerstandsbewegung musste ich die Verbindung mit der zentralen Leitung der französischen Widerstandbewegung kennen. Wenn man mich zum Sprechen bringen könnte, wäre das eine gute Chance, die gesamte Leitung des Widerstands auszuheben. So war das Festketten am Bett offenbar eine Sicherheitsmaßnahme, damit ich keinen Selbstmord begehen konnte. Das begann ich allmählich zu begreifen. Offenbar gab es auch eine Anweisung von oben. Ich, der doch nur ein kleines Rädchen im Getriebe des Widerstandes gewesen war, stellte in ihrer Vorstellung eine sehr wichtige Person dar. Das hat sich später als mein großes Glück erwiesen. Als ich einmal vom Bett losgebunden wurde und die Wände der Zelle betrachtete, las ich eingeritzt die Namen der zum Tode Verurteilten, die vor mir hier eingesessen hatten. Sie bauten einen Kalender auf, vermerkten das Datum des Todesurteils, dann Kreuze, beim letzten Kreuz wusste man, an diesem Tag war der Betreffende hingerichtet worden. Da stand dann: »Adieu Mama« oder »Adieu chérie«, nie fehlte »Vive la France!« Irgendwie konnte ich einen Nagel in der Wand greifen, den ich herausreißen und in meinen Fäusten verstecken konnte. In der folgenden Nacht, wie üblich angekettet am Bett, die Hände nach hinten festgezurrt, was mir unerträgliche Schmerzen bereitete, begann ich mit dem Nagel, am Kettenschloss zu spielen, und siehe da, das Schloss sprang auf. Ach, welch eine Erleichterung, als ich die Arme herunter nehmen konnte! Aber in bestimmten Abständen ging jede Nacht das Licht an und ein Wärter beobachtete mich durch das Guckloch. Ich wusste, dass ich auf keinen Fall einschlafen durfte, damit meine Hände wieder oben waren, sobald das Licht anging. Es gibt nichts, was so übermächtig ist, wie der Schlaf, auch wenn man weiß, es kann den Tod bedeuten, wenn man von ihm überwältigt wird. Ich hatte aber in den Nächten davor kaum geschlafen und so bin ich sofort eingeschlafen. Plötzlich ging das Licht an, ich riss sofort die Arme hoch an die Bettkante. Diese Bewegung muss der Wärter gesehen haben. Er schloss die Zelle auf, besah meine Hände an der oberen Bettkante, es sah aus, als seien sie wie üblich festgekettet. Mit ungläubigem Erstaunen stellte er fest, dass das Schloss offen war. Dann verschwand er. Kurz darauf erschienen zwei Wehrmachtssoldaten als Wärter – ich befand mich in einem Wehrmachtsgefängnis. Sie betrachteten ebenfalls erstaunt das geöffnete Schloss und trauten mir offenbar unbändige Kräfte zu. Danach schlugen sie mit Ketten auf mein Gesicht ein und fesselten meine Hände wieder an die obere Bettkante mit einem Schloss, das sie sicherlich in einem mittelalterlichen Verlies gefunden hatten. Ich war wieder festgeschraubt, hatte keine Chance mehr.

    Vielleicht einen Tag später kam ein Wehrmachtsoffizier, offenbar der Kommandant des Gefängnisses, in meine Zelle. Er fragte mich, warum ich hier sei. Ich brauchte kein Blatt vor den Mund zu nehmen und erklärte ihm ganz ausführlich, was mir vorgeworfen wurde: Meine Tätigkeit in der Résistance, die Aufklärung der Wehrmachtsangehörigen über die Verbrechen der Wehrmacht, der SS und über die wirkliche Kriegssituation, mein Appell an die Vaterlandsliebe, Deutschland vor dem Untergang zu retten. Ich sprach über die Flugblätter, die ich herausgegeben hatte, auch über Kontakte mit Angehörigen der Wehrmacht, um sie zu überzeugen, ihr eigenes Leben zu retten und die Résistance zu unterstützen – und dass der Krieg ja längst verloren sei.

Ich konnte ihm alles sagen, ich konnte unaufhörlich reden. Er hörte, wie es mir schien, gespannt und neugierig zu, unterbrach mich nie, stellte keine Fragen, verzog keine Miene, aber in seinen Augen verspürte ich eine gewisse Sympathie. Dann verließ er ohne ein Wort die Zelle. Es dauerte nicht lange, da erschienen zwei Wehrmachtssoldaten, brachten eine Bettunterlage und Decken, befreiten mich davon, am Bett angekettet zu sein. Welch eine Wohltat! Ohne Zweifel, dies hatte der Kommandant angeordnet. Also konnte ich mich in der Zelle nun frei bewegen. Inzwischen hatte ich das Klopfalphabet gelernt. Tac, tac, tac, tac, dann schnell ein Doppeltac. Jeder tac ein Buchstabe des Alphabets, man musste nur mitzählen, wenn der Doppeltac kam, ein neues Wort. Angekettet konnte ich zumindest die Klopfzeichen mithören. Es waren Nachrichten von draußen, über neue Verhaftete, Anfragen und die Antworten, auch Warnungen über Vernehmungen, Folter und Hinrichtungen. Ganz wichtige Informationen. Jetzt endlich bewegungsfrei konnte ich mich mit dem Löffelstiel beteiligen. Ich unterhielt mich mit meinem Zellennachbarn. Er sei Schweizer, angeblich wegen Spionage zum Tode verurteilt, erwartete seine Hinrichtung. Er gab mir seinen Namen, Adresse und bat mich, sollte ich je herauskommen, seine Familie zu verständigen. Ich hatte keine Möglichkeit etwas zu notieren, versuchte aber, mir alles zu merken, konnte mir aber in meinen kühnsten Träumen nicht vorstellen, jemals herauszukommen. Und so habe ich alles aus meinem Gedächtnis verloren.

Eines Tages kam ich in die Vernehmungszelle. Mit mir kam ein Mensch, Arme und Gesicht derartig verbunden, dass ich ihn nicht erkennen konnte, außerdem mein Kontaktmann zur FTPF, den ich nur als Dieter kannte, und der Vernehmungsmann vom SD. Als er sagte, wer dieser verbundene Mensch war, fiel ich aus allen Wolken. Mir blieb der Atem weg. Es war der »Deserteur«, dessen wir uns hatten entledigen wollen. Er war also nur verwundet. Die Blicke, die er auf mich richtete, waren wie tödliche Pfeile. Er sagte kein Wort. Dann sind wir gefragt worden, ob wir beide, Dieter und ich, uns kannten. Jeder verneinte es. Diesmal wurden wir nicht geschlagen. Ich atmete auf, als ich wieder in meine Zelle zurückgebracht wurde. Aber das Wiedersehen mit dem Verräter arbeitete in mir fürchterlich. Es war wie in einem Horrorfilm, der als Spitzel Todgeweihte, den ich sozusagen zur Hinrichtungsstätte geführt hatte, stand wieder vor mir. Es war ein einziger Alptraum!

Eine unglaubliche Flucht – der Tag meiner Wiedergeburt

Inzwischen waren die ersten Wochen des Monats April 1943 gekommen. An einem frühen Morgen wurde ich aus der Zelle geholt, mit allen meinen Klamotten, die ich bei der Verhaftung bei mir hatte, darunter ein Wintermantel. Man verfrachtete mich in einen Wagen mit SS-Leuten, die mich zum Bahnhof in Dijon brachten und in einen Zug setzten. Mit mir fuhr ein SS-Offizier. In einem abgeschlossenen Coupé war ich an die Heizung gekettet. Im Gare de Lyon in Paris kamen wir an. Zwei SS-Männer in Zivil, einer von ihnen kam mir bekannt vor, sicherlich aus Dijon, nahmen mich in Empfang, führten mich, die Hände verdeckt gekettet, damit es kein Aufsehen erregte, zu einem Auto, das mich in die Rue de Saussais in die Zentrale der Gestapo brachte. Dort saß ich zunächst eine Zeitlang in einem Keller und wurde dann in das Militärgefängnis »Cherche midi«, in der Rue Cherche-midi gebracht. Dort wartete ich wieder in einer Einzelzelle, aber nicht angekettet, auf meine Vernehmung. Offenbar war ich für die Gestapo als »Chef« der Widerstandsbewegung einer ganzen Region so wichtig, dass ich nun zentral in die Mangel genommen werden sollte. Sie ließen mich lange Zeit warten. Offenbar waren die deutschen Sicherheitskräfte in Paris Tag und Nacht beschäftigt, denn kaum ein Tag verging ohne einen Anschlag. In mir wuchs die Angst. Wirst du durchhalten, wenn du zur Vernehmung geholt wirst? Nun hätte ich immerhin die Möglichkeit, Selbstmord zu begehen, so oder so war ich zum Tode verurteilt. Dann kam mir eine Idee: Sie hielten mich ja für einen bedeutenden Verantwortlichen der Résistance, durch mich, so hofften sie, kämen sie an die zentrale Leitung heran. Ich könnte dies gegen sie ausspielen, sie in eine Falle locken, die mir die Möglichkeit zur Flucht böte. Eine solche Möglichkeit wäre es, wenn ich erreichen könnte, sie unter einem Vorwand vor ein bestimmtes Haus zu bringen, von dem ich wusste, dass es einen hinteren Ausgang hat. Vielleicht könnte ich erreichen, dass sie mich auch nur für einige Minuten ungefesselt vor der Haustür stehen ließen.

Im Pariser System, sicherlich seit Napoleon eingeführt, haben die Concierges, die Hausmeister, meist ein Rentnerehepaar, die Kontrolle über die Post der Einwohner und schauen, wer im Haus ein- und ausgeht. Doch in den meisten Fällen lässt der Concierge in solchen Häusern, wo ein stetiges Kommen und Gehen ist, von morgens bis abends die Haustür offen, da er sonst den ganzen Tag über angebunden ist. Und mit irgendetwas musste er die Tür sichern, damit sie offen blieb, was er dann entfernte, wenn er sie wieder schloss. Meine ganze Idee beruhte darauf: Wenn man mich nur für einige Minuten un-gefesselt vor der Tür stehen ließ, dann könnte ich mit einem Sprung ins Haus flüchten und die Tür hinter mir schließen. Solch eine Tür ließ sich von außen nicht öffnen, auch kein Bewohner des Hauses besaß einen Haustürschlüssel, jeder war gezwungen zu läuten – »le cordon s'il vous plait«. Meine Verfolger müssten dann außen klingeln und warten, bis der Concierge reagierte, der ja nicht damit rechnete, dass tagsüber geläutet wird. Und ich könnte mit einem Vorsprung durch den Hinterausgang entkommen.

Dieses System war uns oft sehr unangenehm gewesen. Unsere achtköpfige Familie, besonders wir Jüngeren, bummelte oft bis in die späte Nacht, kamen aber nicht gemeinsam nach Hause, und so rissen wir die Concierge oft in Abständen von Stunden aus dem Schlaf. Es war uns immer peinlich.

Nun kannte ich Paris wie meine Hosentasche. Im Gedächtnis ging ich mehrere Häuser durch, von denen ich wusste, dass sie einen hinteren Ausgang hatten. Welches wäre wohl das geeignetste, das am wenigsten Verdacht erwecken würde? Meine Wahl fiel auf das Haus Boulevard St. Martin No. 11. Ich kannte es am besten. Denn vis-à-vis hatten meine Eltern eine Zeitlang ihr Restaurant gehabt.

In der Parallelstraße, Rue Meslay, gab es den allernächsten Bäcker. Wenn ich Brot holte, hatte ich entweder einen großen Umweg über den Place de la République machen müssen, oder ich konnte eine Abkürzung nehmen, indem ich einfach den Durchgang dieses Hauses Boulevard St. Martin No. 11 benutzte. Ich hatte mir noch gemerkt, wann die beiden Haustüren offen waren, wann sie geschlossen wurden. Es war ein Haus mit Wohnungen und Ateliers. Hier war also ein ständiges Kommen und Gehen. Nur hatte ich nicht im Gedächtnis, wäre auch nie auf den Gedanken gekommen, einmal nachzugucken, womit der Concierge die beiden Türen offen hielt. Dennoch habe ich mich für dieses Haus entschieden, da es für einen Ortsfremden nicht den Eindruck vermittelte, dass es einen Durchgang zur anderen Straße hat. Steht es doch in der langen Häuserreihe des Boulevard St. Martin.

Nun musste ich nur noch erreichen, dass die Gestapobeamten mich vor dieser Haustür einige Minuten ungefesselt stehen ließen. Sie hatten mir Zeit gelassen, in der Zelle alle Varianten auszudenken. Als ich zur Vernehmung geholt wurde, war der Plan fertig.

Wieder wurde ich in das Hauptquartier Rue Saussais gebracht. Im Vernehmungszimmer standen zwei hohe SS-Offiziere. Meine Kontaktperson wollten sie wissen. Ich gab zu verstehen, dass ich innerlich zusammengebrochen sei, nur noch an das Überleben dächte und bereit sei, meinen Kontakt preiszugeben. Es sei eine Frau, deren wirklichen Namen ich nicht kenne, natürlich auch nicht wissen könne, wo sie wohne. Ich wisse nur, wo sie arbeite. Ich nannte den Boulevard St. Martin, natürlich nicht die Nummer des Hauses, die ich auch nicht im Gedächtnis hatte. Brauchte ich eine Verbindung mit ihr, hätte ich sie immer vor der Tür des Hauses, in dem sie arbeitete, zu Arbeitsbeginn werktags um 9 Uhr früh abgefangen. Aber sie waren misstrauisch. Ich hörte, wie einer zum anderen flüsterte, der will nur auf

die Straße gebracht werden. Darauf war ich vorbereitet. Das Misstrauen verschwand, als ich kategorisch erklärte, dass ich es nicht
machen würde, wenn sie mir nicht versicherten, dass sie diese Frau
in Ruhe lassen würden. Ich würde nur mit ihr sprechen und mir den
weiteren Kontakt geben lassen. Wenn ich diese Garantie von ihnen
nicht bekäme, würde ich es nicht tun. Dann redeten sie auf mich ein,
versuchten mich zu überzeugen: »Wir geben Ihnen unser Ehrenwort,
ein deutscher Offizier steht zu seinem Wort.« Dann aber gab ich noch
eins d'rauf. »Sie sind SS, Sie werden keinen laufen lassen, der mit dem
Widerstand zu tun hat.« So redeten sie auf mich ein, dass sie Ehren-
männer seien, der Frau werde nichts passieren. Da wusste ich, dass sie
mir auf dem Leim gingen.

Am übernächsten Morgen wurde ich abgeholt. Am Abend vorher
wurde ich noch rasiert. In dieser Nacht war ich aufgeregt, habe kaum
geschlafen. So gegen Viertel nach 8 Uhr am 23. April wurde ich aus
der Zelle geholt. Als wir die Stufen hinuntergingen, führte der Weg
am Büro der Verwaltung des Militärgefängnisses vorbei, die Tür war
offen, so dass der Wehrmachtssoldat in diesem Büro mich vorbeigehen
sah. Er rief mir laut und deutlich nach »Du Arschloch!« Offenbar war
ihm bekannt, dass ich »Verrat« begehen wollte und die SS zu meiner
Kontaktperson hinführte. Und doch hatte ich es noch nie als so wohl-
tuend empfunden, als Arschloch beschimpft zu werden. War es doch
die Empörung eines Wehrmachtssoldaten über einen, der dabei war,
Verrat an der Résistance zu begehen. Er war also kein Nazi, vielleicht
sogar ein Sympathisant der Résistance. Aber er hat später feststellen
können, dass ich doch kein Arschloch war. Sie setzten mich in ein
Auto, darin vier Personen, ich auf dem Rücksitz zwischen Zweien, alle
ohne Uniform. Unterwegs zogen sie alle ihre Revolver, erklärten mir,
dass sie Scharfschützen seien, wenn ich an der Tür stünde, würden sie
mir bei der ersten verdächtigten Bewegung in die Beine schießen –
und dann würde mir die Haut streifenweise abgezogen. So sollte ich
eingeschüchtert werden.

Wir kamen zum Place de la République, wo der Boulevard. St.
Martin beginnt. Ich sagte, sie sollten halten lassen, ich ginge nur
etwa 100 Meter den Boulevard entlang und bliebe vor der Tür des

Hauses stehen. Sie erklärten, dass sie mich mit entsichertem Revolver in der Manteltasche im Auge behalten würden. Nun stand ich vor der Tür des Hauses Boulevard St. Martin No. 11. Die vier Männer etwa in einer Distanz von fünf Metern hatten mich im Auge. An einer Reklameuhr las ich 5 Minuten vor 9 Uhr. Die Tür, eingefasst in ein großes Tor, stand offen, durch den Spalt fiel mein Blick auf die Concierge-Loge. In diesem Augenblick schloss der Concierge, ein altes Männlein, seine Loge ab, hielt ein Kuvert in der Hand, machte die Tür noch einen Spalt weiter auf und ging offenbar zum Briefkasten oder zur Post. Ein solches Glück hatte ich natürlich nicht einkalkuliert, dass nun niemand da war, der von innen die Türe öffnen konnte. Mit einem Blick versuchte ich herauszubekommen, was die Türe offen hielt, was ich ja beim Sprung ins Haus beseitigen musste. Aber ich konnte es nicht erkennen, durfte mich aber auch nicht bewegen. So dachte ich mir, beim Sprung ins Haus wirst du etwas ertasten. Nun habe ich auch einkalkuliert, dass sie nicht damit rechneten, dass ich bei einem Fluchtversuch ins Haus rennen würde.

Mit einem Sprung war ich durch die Haustür, ich ließ meine Hand an der Türkante entlang fahren, erfasste einen Eisenriegel, riss ihn zurück und schlug hinter mir die Türe zu. Ich lief so schnell ich konnte zum anderen Ausgang, war dann schon bei der Hausnummer 18 auf der Parallelstraße Rue Meslay. In der rannte ich so schnell und so lange es ging, denn ich war fürchterlich geschwächt und abgemagert. Als sie mich aus der Zelle geholt hatten, war ich mit dem Wintermantel bekleidet, den ich bei der Verhaftung getragen hatte. Sie wussten nicht, dass ich in der Tasche eine Baskenmütze hatte, die stülpte ich beim Laufen über meinen Kopf. Etwa 300 oder 400 Meter die Rue Meslay entlang gelaufen, erreichte ich eine Treppenstraße (Passage du Pont aux Biches), die ich hinunterlief. Ich konnte kaum noch rennen, begann nun langsam zu laufen, damit ich nicht die Aufmerksamkeit der Passanten auf mich zog. Die Straße führte in die Altstadt des 4. Arrondissements mit seinen vielen verwinkelten, engen Gässchen.

Später erfuhr ich, was sich gleich nach meiner Flucht abgespielt hatte. Eine Frau, die ich nicht kannte, erzählte es einem meiner Kameraden. Sie war an diesem Tag in der Rue Meslay, also der

Straße des hinteren Ausganges. Plötzlich sah sie einen jungen Mann, im Gesicht ganz bleich, aus der Tür herausstürmen. Er lief die Straße entlang und verschwand. Kurz darauf stürzten aus derselben Tür vier Männer mit gezückten Revolvern und rannten nach allen Richtungen. Die Passanten auf der Straße sagten zueinander »Dicke Luft« und verdrückten sich. Diese Frau aber blieb neugierig stehen und beobachtete, was geschah. Bald darauf kamen die vier Männer zurück, in der Hand immer noch die Revolver, versammelten sich ratschlagend vor der Tür. Passanten riefen einander frohlockend zu: »Ils ne l'ont pas attrapé! Ils ne l'ont pas attrapé! Sie haben ihn nicht erwischt!«

Ich musste nun von der Bildfläche verschwinden. Ich hatte kein Geld bei mir und durfte nicht stundenlang herumlaufen. So steuerte ich die Rue Portou an. Dort hatte mal mein Vater für kurze Zeit seine Hutfabrikation betrieben. Die Concierges, ein altes Rentnerehepaar, kannten mich. Ihnen erklärte ich, ich sei von den Deutschen verhaftet gewesen und gerade eben entflohen. »Bitte, lassen Sie mich etwa zwei Stunden hier bleiben und leihen Sie mir zwei Francs für ein Metroticket und eine Zeitung, damit ich in der Metro lesend mein Gesicht verstecken kann.« Ein bisschen Angst hatten sie, aber sie behielten mich, gaben mir auch eine Kleinigkeit zu essen und die zwei Francs. Ich kann unmöglich das Gefühl beschreiben, frei, frei, endlich frei zu sein. Mein Leben war gerettet. Ich hatte mich selbst befreit. Am 23. April 1943, morgens um 9 Uhr war der Augenblick meiner Wiedergeburt.

Nach etwa zwei Stunden schlich ich zur nächsten Metrostation, musste aber damit rechnen, dass sie überwacht würde. Es blieb mir nichts anderes übrig, als alles hinter und neben mir zu beobachten. Von da aus konnte ich direkt, ohne umzusteigen, ins vornehmste Viertel von Paris, ins 16. Arrondissement fahren, wo ein kommunistischer Schuhmacher seinen Laden hatte, ein Genosse, mit dem meine Frau und ich eng befreundet waren. Natürlich habe ich mich sehr aufmerksam umgeschaut, niemand war hinter mir. Doch es war gleichzeitig ein unbeschreibliches Gefühl in mir: »Du gehst frei durch die Straßen«, mir war es wie im Traum. Dann betrat ich den Laden. Der Schumacher und seine Frau glaubten, ich sei ein Gespenst. Denn sie wussten von meiner Verhaftung; Wer einmal in den Händen der Gestapo war, musste abgeschrieben werden. Ich wusste zumindest, hier kann ich eine Nacht bleiben. Meine Geschichte, wie ich mich befreit hatte, klang für sie, aber auch für mich selbst, wie ein Märchen. Sie gaben mir reichlich zu essen, aber mein Magen konnte nicht viel vertragen. Dann nahmen sie, was ich nicht wissen konnte, Kontakt zu meiner Frau auf.

Ettie, illegal mit falschen Papieren im Widerstand, hatte eine sichere Unterkunft gebraucht. Eines Tages las sie in einem Bäckerladen auf einem angehefteten Zettel:»Bonne (Putzfrau) gesucht«, mit einer Adresse im vornehmen 16. Arrondissement, nicht weit vom Schuhmacherladen entfernt. Ettie sah die Chance für eine sichere Unterkunft, denn in einer vornehmen Wohnung steht in der Mansarde eine Chambre de Bonne zu Verfügung. Sie zeigte den Herrschaftsleuten ihre Papiere, wurde sofort angestellt, putzte regelmäßig und war sicher untergebracht. Unsere Schuhmacherfreunde kannten ihre Unterkunft und waren in der Lage, sie zu benachrichtigen.»Komm geschwind in unseren Laden, du wirst überrascht sein, wen du sehen wirst.«

Sie glaubte zu träumen und wir konnten uns unter Tränen umarmen. Sie nahm mich gleich mit in ihre Mansarde, wir verbrachten die erste Nacht, ohne einen Augenblick zu schlafen, ich weiß nur, dass ich unaufhörlich geredet habe. Ettie traf sich am anderen Tag mit meiner Schwester Fanny, unsere Schuhmacherfreunde besorgten mir einen Hut. Wir unternahmen gemeinsam das Wagnis, im Gare St. Lazare − denn die Bahnhöfe sind am meisten überwacht − den Zug nach Mériel zu nehmen, wo meine Eltern ihre Unterkunft hatten.

Meine Mutter erlebte einen Schock, als sie mich wiedersah. Ich hatte keine andere Möglichkeit, als hier zu bleiben. Der Kontakt zu den Verantwortlichen der TA war über meine Schwester und Ettie schnell hergestellt. Werden mir meine Kameraden glauben, wie ich entkommen bin? Es bedrängte mich nun, dass Zweifel bestehen könnten. Hatte ich mich durch Verrat losgekauft? Denn so etwas hat es ja auch schon gegeben. Mir war von vornherein klar, dass ich zunächst abgehängt werden würde, bis meine Geschichte überprüft wäre. Dass es Wochen dauern könnte, damit hatte ich mich abgefunden. Ich musste einen ausführlichen, detaillierten Bericht über meine Ver-

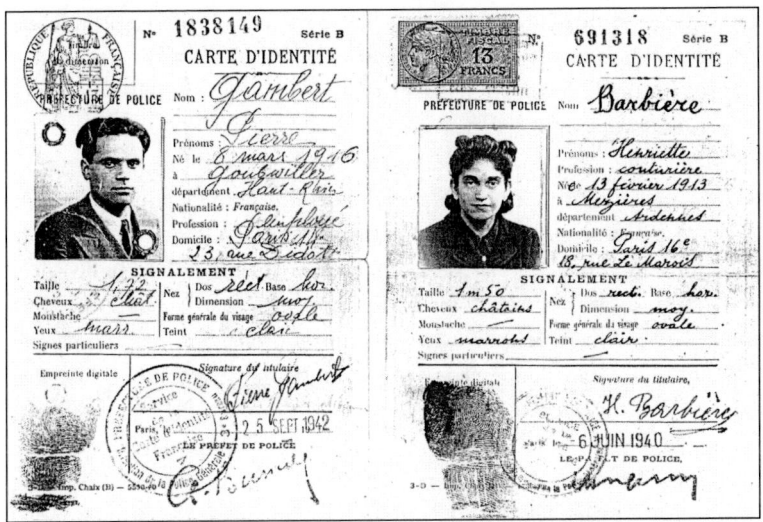

Die falschen Cartes d'Identité (frz. Personalausweise) von Peter und Ettie

haftung, meine Vernehmung und über meine Flucht schreiben. Nach etwa vier Wochen war ich wieder eingesetzt und hatte die direkte Verbindung mit unserem Chef Otto Niebergall.

Ich musste aus Gründen der Sicherheit im Haus bleiben, bekam neue Papiere und hieß jetzt Pierre Gambert. Mein Gesicht hatte ich so verändert, dass ich kaum zu erkennen war, trug eine Brille mit normalen Gläsern und einen Schnurrbart, die Haare mit einem Scheitel. Meine Aufgabe war nun – in Zusammenarbeit mit Ettie – die Herstellung der an die Wehrmachtsangehörigen gerichteten Flugblätter und Zeitungen. Otto Niebergall hatte in der Nähe unserer Behausung seine illegale Unterkunft, er wurde von meiner Schwester Fanny betreut, so dass ich fast täglich mit ihm Kontakt haben konnte. Ettie war die Beweglichste von uns. Sie war im Besitz einer echten Pariser Carte d'Identité, natürlich mit falschem Namen. Dazu sprach sie ein akzentfreies Französisch. Also konnte sie jeder Kontrolle standhalten.

Wie kam sie zu der echten Pariser Carte d'Identité? Die hatte sie sich selber besorgt. Eines Tages beim Putzen bei der Herrschaft sah sie in einer geöffneten Schublade die Carte d'Identité der Dame des Hauses und nahm sie an sich. Sie sagte später, Juwelen hätte sie niemals weggenommen. Aber dies war das Kostbarste, die Dame des Hauses brauchte ja nur den Verlust zu melden, um wieder zu ihrem Ausweis zu kommen.

Liese, die Tochter der kommunistischen Familie Andreansen, mit der wir eng befreundet waren, hatte die beiden Kinder meiner Schwester Dora, Gilbert und Hélène, in einem kleinen Bauerndorf in Sicherheit gebracht. Wir dachten, dass es für unser Kind gut wäre, mit ihnen zusammen zu sein. Ettie fuhr nach Bar-le-Duc, um dort unser Kind abzuholen. Da gab es dramatische Szenen, denn die Pflegefamilie wollte unser Kind nicht mehr herausgeben, wollte das Kind endgültig adoptieren, in der Annahme und offenbar auch mit der Hoffnung, dass seine Eltern den Krieg nicht überleben würden. Aber schließlich, nach peinigend schmerzhafter Auseinandersetzung, konnte Ettie unser Kind mitnehmen. So war es mit den anderen zusammen, konnte auf dem Bauernhof, von der Bauersfrau und ihrer Familie wohl betreut, spielen.

In der Nähe von Mériel, wo unser Zufluchts-Landhäuschen stand, hatte die Wehrmacht Bunker errichtet, offenbar für ihre V-Waffen, die nach England flogen. Daher warfen häufig englische Flieger dort ihre Bomben ab. Eines Tages erschienen deutsche Offiziere, inspizierten ausgerechnet die Häuser in dem Viertel, in dem sich unser kleines Häuschen befand. Sie sollten für Wehrmachtsangehörige requiriert werden. Als wir davon erfuhren, dachten wir uns etwas aus, um zu verhindern, dass sie in unser Haus kamen. Wir verteilten alles, was in der Fäkaliengrube war, um das Haus herum, so dass es fürchterlich stank, woraufhin auf die Inspektion unseres Hauses verzichtet wurde.

Endlich – die Zweite Front

Ein Jubelschrei! Aus dem Rundfunk erfuhren wir von der Landung der Alliierten in der Normandie am 6. Juni 1944. Endlich begann die so lang ersehnte Eröffnung der Zweiten Front. Ich kann unsere Gefühle nicht beschreiben. Welch eine Hoffnung, damit das Ende des

Krieges, die Befreiung zu erleben! Wie fieberten wir dann mit jedem Tag: Schaffen sie es, den Brückenkopf zu halten? Über uns immer mehr Kampfflugzeuge, die Bomben abwarfen, die ganz in unserer Nähe einschlugen. Von unserem Häuschen aus konnte ich Otto Niebergalls illegales Quartier neben der Brücke über die Oise sehen. An einem Morgen flogen wieder die Bomber über uns. Ich beobachtete sie und sah zu meinem Entsetzen eine auf die Brücke gezielte Bombe direkt auf das kleine Häuschen unseres Chefs fallen. Mit der Schippe in der Hand lief ich wie verrückt zum Häuschen, nach wenigen Minuten war ich dort und dachte, ich müsste ihn ausgraben: Wie atmete ich auf, als ich sah, dass das Häuschen stand, Otto Niebergall unversehrt war und sich nur vom Schrecken erholen musste.

BBC-London meldete trotz großer Verluste bei der Eroberung des Brückenkopfs Erfolge, was immer die Wehrmacht entgegenzusetzen vermochte. Es ist nicht zu beschreiben, wie gespannt wir dem dumpfen Klopfen aus Beethovens 5. Symphonie, dem Erkennungszeichen von BBC-London, lauschten, wie wir die Meldungen über den Vormarsch der alliierten Truppen in der Normandie buchstäblich aufsaugten. Nun wurde mehr und mehr zur Wirklichkeit, was wir so sehnlichst erträumt hatten. Der Tag unserer Befreiung näherte sich. In unserer Zeitung »Volk und Vaterland« war die Hauptlosung: »Macht jetzt Schluss mit Hitler und seinem Krieg! Rettet von Deutschland, was noch zu retten ist, vor allem Euer Leben!« Und wir teilten die Wahrheit über die Kriegssituation mit. Gerade jetzt brauchten die Wehrmachtssoldaten unsere Informationen. Jetzt konnten diese ihre Wirkung entfalten, denn längst war der Nimbus der Unbesiegbarkeit der deutschen Wehrmacht verflogen. Von Otto Niebergall erfuhr ich von seinem Kontakt zu Oberstleutnant Caesar von Hofacker im Stab des in Paris ansässigen Militärbefehlshabers West der Wehrmacht. Er sei grundsätzlich einverstanden mit unserer Losung: Bewaffneter, geordneter Rückmarsch der deutschen Truppen aus Frankreich hinter die deutsche Reichsgrenze, um Hitler zu stürzen und allen mit Deutschland im Krieg befindlichen Ländern den Frieden anzubieten. Das geheime Treffen zwischen Hofacker und Otto Niebergall fand in einer Villa im Pariser Stadtteil Neuilly statt.

herausgegeben vom Komitee der Bewegung "Freies
Deutschland"in Südfrankreich /Mittelmeerküste/

AUFRUF

des KOMITEES DER BEWEGUNG "FREIES DEUTSCH-LAND" FUER DEN WESTEN

AN DIE WEHRMACHT IM WESTEN

Kameraden! Offiziere u.Soldaten der Jehrmacht!

Rings um unser halb zerstörtes Deutschland er-
öffnet aus hunderttausend Geschützen die unwi-
derstehlichste Machtkoalition der Weltgeschichte ihren letzten Feuersturm gegen den Tyrannen
Adolf Hitler,der die totale Ausrottung unseres
Vaterlandes u.die Versklavung Europas auf seine Fahne geschrieben hat.
Aus dem Osten,aus dem Süden,aus dem Westen,aus
demNorden brausen zehntausende Bombenflugzeuge
mit ihren vernichtenden Lasten gegen uns u.auf
Deutschland los.Hunderte u.aberhunderteDivisi-
onen von frischen u.jungen Soldaten aller Erd-
teile, aller Länder u.Nationen mit unerschöpf-
lichenMengen modernsten Kriegsgeräts erstürmen
Hitlers Mauern,Wälle,Linien u.Stützpunkte.
Die stärkstenKriegsflotten allerZeiten,tausen-
deLandungs-u.Frachtschiffe unterstützen auf al
lenMeeren die gigantische Vernichtungsschlacht
einer Welt gegen Adolf Hitler.
Die geknebelten, ausgehungerten und verhöhnten
Völker Europas schütteln dasJoch derUnterdrük-
kung,der Herrschaft der Gestapo,ab.Sie greifen
zu den Waffen.Unbändiger Hass erfüllt dieFran-
zosen gegen den Mörder ihrer besten Söhne, den
Verschlepper ihrer Männer, den Dieb ihres Bro-
tes, Adolf Hitler.

Faksimile eines Aufrufs an die Wehrmachtssoldaten

Interessant ist, wie der Kontakt zwischen beiden eigentlich zustande kam. Es gehörte zu den wichtigsten Aufgaben der TA, für die Résistance Kontakte mit Angehörigen der Wehrmacht herzustellen, die eventuell die Résistance unterstützen würden. Diese Aufgabe konnten nur unsere Frauen und Mädchen leisten. Für mich wäre es ein reiner Zufall gewesen, im Gespräch mit einem Soldaten oder Offizier auf einen Hitler-Gegner zu stoßen. Die deutschen Soldaten schauten sich nach Mädchen um, doch für eine Französin wäre es eine Schande gewesen, sich mit einem von ihnen einzulassen. So nahmen unsere Mädchen Kontakt auf und versuchten im Gespräch, seine Gesinnung herauszufinden. Gegenüber einem Mädchen machte ein Soldat aus seinem Herzen keine Mördergrube. Erst dann, wenn sie heraushörten, dass er kriegsmüde war und gegen den Krieg und Hitler eingestellt, haben sie sich mit ihm wieder verabredet und auch ein Flugblatt oder eine Zeitung von uns gezeigt, das sie angeblich auf der Straße gefunden hatten. Waren unsere Mädchen überzeugt, dass der deutsche Wehrmachtsangehörige tatsächlich gegen die Nazis war, dann haben sie sich offenbart und ihn aufgefordert, die Résistance zu unterstützen. Das war nun jetzt in der veränderten Kriegssituation möglich, wo der Glaube an den Endsieg geschwunden war, die Bomben auf die Heimatstädte fielen und sich die Niederlagen an der Ostfront häuften. Die Wehrmachtsangehörigen, die in diesem Land ein wunderschönes Leben wie »Gott in Frankreich« geführt hatten, fürchteten nun nur eines, nämlich an die Ostfront und damit in den Tod geschickt zu werden. Da war objektiv die Situation gegeben, sie zu gewinnen. Und unsere Mädchen haben nicht wenige von ihnen gewinnen können. Ich singe das Hohe Lied auf unsere Frauen und Mädchen. Was sie unter ständigem Einsatz ihres Lebens geleistet haben! Eines unserer wunderschönen Mädchen, es war eine deutschsprachige Ungarin, fand auf diese Weise die Verbindung zu dem Fahrer von Oberstleutnant Cäsar von Hofacker. Alle unsere Flugblätter und Zeitungen, die er nun erhielt, gab er seinem Chef weiter, dessen Gesinnung er kannte. Über seinen Chauffeur ließ Hofacker mitteilen, dass er Kontakt mit dem Verantwortlichen der deutschen Gruppe in der Résistance wünsche. Er hatte Monate später am 20. Juli

1944, am Tag des Attentats der Offiziere auf Hitler, bereits in Paris die gesamte SS und Gestapo verhaften lassen und wollte den Rückmarsch beginnen – auch dann noch, als bereits klar war, dass das Attentat auf Hitler gescheitert war. Er hatte aber die Kommandantur gegen sich, die zunächst hierzu bereit gewesen war, sich aber feige zurückzog, als die Meldung kam, dass Hitler überlebt hatte. Oberstleutnant Cäsar von Hofacker wurde verhaftet und später hingerichtet.

Ettie, die ständig mit Material unterwegs war, kam eines Tages in Tränen aufgelöst zurück. Ihr Fahrrad war gestohlen worden, ihr wichtigstes Fortbewegungsmittel. Die Tasche war voll von Material, das sie zu einem Treff bringen sollte. Ihr kamen zurückmarschierende deutsche Truppen entgegen. Ein Soldat entriss ihr das Fahrrad, sie konnte sich nicht wehren, die anderen Soldaten kamen ihr nicht zu Hilfe.

Gott sei Dank kontrollierten sie nicht ihre Tasche, da hatte sie noch viel Glück. Was zählt da der Verlust des Fahrrads. Damit habe ich sie getröstet, als sie weinend ankam, verzweifelt nach einem langen Fußmarsch, bei dem sie unterwegs noch vor Bomben der englischen Flieger Schutz suchen musste. Ohne Fahrrad war sie hilflos. Ich tröstete sie auch damit, dass sie bald mit Hilfe von Otto Niebergall ein neues Rad erhalten würde. Und tatsächlich besorgte er rasch eines. Später erzählte Ettie immer wieder: »Ich habe sie erlebt, wie sie stolz, siegesbewusst mit glänzenden Stiefeln singend in Paris ein-marschierten. Dann habe ich mit Frohlocken erleben können, wie sie schleppend, geschlagen zurückmarschierten, ja sogar auf mein Fahr-rad angewiesen waren.«

Aufstand in Paris

Dann kam, was wir seit der Landung der Alliierten und ihren Erfolgen täglich erwartet haben: Der Aufruf zum Aufstand. Otto Niebergall und ich schnappten unsere Fahrräder und rollten, so schnell wir konnten, nach Paris. Je mehr wir uns Paris näherten, umso mehr Aufständischen begegneten wir, gekennzeichnet mit einem blau-weiß-roten Armband mit den Buchstaben F.F.I. (»Forces Françaises de l'Intérieure« – Französische Streitkräfte des Innern). Und dann sahen wir schon die Trikolore aus Fenstern heraus flattern. Welch unbeschreibliches Gefühl! In Paris befanden wir uns mitten im Aufstand. In den wichtigsten Durchgangsstraßen, den Boulevards, waren Barrikaden errichtet, Männer, Frauen und Kinder hatten alles Mögliche zum Bau der Barrikaden herbeigeschleppt. Bäume wurden zum Errichten der Barrikaden gefällt, die voraussichtlich nicht den Panzern standhalten würden.

Otto Niebergall legte für uns Deutsche den Treffpunkt fest, wo wir uns regelmäßig treffen sollten, um unseren Einsatz zu besprechen. Jetzt lernte ich zahlreiche andere Genossen kennen, mit denen ich vorher nie Berührung gehabt hatte, und wir bildeten kleine Gruppen. Eine unserer wichtigsten Aufgaben war, in Absprache mit der Leitung des Aufstandes als Parlamentäre der FFI mit weißen Fahnen zu versuchen, zu den eingekesselten deutschen Streitkräften zu gelangen, um sie zur Aufgabe zu bewegen. Mit einer Ausnahme haben wir das jedoch nirgendwo geschafft. Meist waren unsere Parlamentäre froh, wieder heil aus dem Kessel zurückzukommen. Ich versuchte es am Palais du Luxembourg, kam aber nicht voran, weil keine Feuerpause eintrat, bis schließlich das Palais gestürmt wurde, so dass die Eingekesselten nun doch in Gefangenschaft gerieten. Fortwährend versuchten sie, mit Panzern auszubrechen, vorzustoßen und walzten dabei manche Barrikade nieder. Mehrere Panzer wurden mit Molotowcocktails in Brand gesetzt. Viele Soldaten fanden den Tod, es gab aber auch viele Tote unter den Aufständischen. Der Aufstand wurde besonders durch die französische Polizei unterstützt, die als erste den Aufruf zum Generalstreik befolgte.

Es ist hier nicht meine Aufgabe, die ganze Geschichte des Pariser Aufstandes niederzuschreiben. Der Generalsekretär des »Komitees der Bewegung Freies Deutschland«, der spätere Schriftsteller Harald Hauser, den ich dort kennen lernte, wollte im Auftrag des Komitees einen Appell in deutscher Sprache über Radio Paris an die Eingekesselten richten. Mit unseren Fahrrädern, nur damit konnten wir uns in Paris bewegen, machten wir uns auf den Weg zum Radio. Ich begleitete ihn. Als wir die Seine überquerten, wurden wir von einem Panzer beschossen. Wir konnten uns nur dadurch retten, dass wir die Räder hinwarfen, in der Deckung der Brückenbrüstung auf die andere Seite hinüberkrochen, in einem Hauseingang Schutz suchten und abwarteten, bis der Panzer wieder abdrehte. Daraufhin habe ich kriechend die beiden Räder geholt und dann setzten wir den Weg fort. Noch bevor Harald Hauser seinen Aufruf verbreiten konnte, war Paris befreit. Die amerikanischen Truppen standen noch weit vor den Toren von Paris. Einer französischen Panzereinheit unter General Leclerc gelang es, von Süden her nach Paris einzudringen. Sie wurde mit Blumen überschüttet, bejubelt von der Bevölkerung, die Soldaten von den jungen Mädchen abgeküsst. Der Kommandant der deutschen Streitkräfte, General Dietrich von Choltitz, kapitulierte. Er wurde unter dem Siegesjubel der Bevölkerung von der FFI in Gefangenschaft genommen. Tags darauf nahm der Kommandant des Pariser Aufstandes, der Kommunist Henri Rol-Tanguy, die Kapitulationsurkunde entgegen.

Aber es fanden auch entsetzliche Szenen von Selbstjustiz gegenüber Kollaborateuren statt. Da entlud sich der Zorn gegen die Verräter. Das war grässlich. Mädchen, denen – umringt von Johlenden – auf der Straße die Haare abgeschnitten wurden, manche bekamen noch ein Hakenkreuz aufgemalt. Das taten in keinem Fall die Résistancekämpfer. Bei einem Volksaufstand kommt immer auch ein Teil des Pöbels hoch, der nach dem Sieg seinen Heldenmut bezeugen will. Viele, die wir als »les résistants de la dernière minute« bezeichneten, die Widerstandskämpfer der letzten Minute; und auch solche Offiziere, die jetzt in ihren Uniformen herumliefen, die wir »les naphtalines« nannten. Damit meinten wir jene, die bis dahin nichts getan hatten, nun aber dabei sein wollten und aus ihren Schränken ihre Uniformen herausholten, die nach Mottenpulver rochen.

Dann kam der Einmarsch der amerikanischen Truppen. Sie wurden von den Massen jubelnd umarmt, fast erdrückt. Unbeschreiblich mein Hochgefühl, als ich mit Freudentränen am Straßenrand stand. Der Einmarsch von General de Gaulle. Und ich stand unter Hunderttausenden Jubelnden auf den Champs-Elysées. Paris libre! Paris libre!

Es war unvergesslich, das Erhabenste in meinem Leben. Der Aufstand eines Volkes und seine Selbstbefreiung. Ettie und ich waren von unendlichem Glück erfüllt, als wir nun unser Kind in die Arme nehmen konnten. Und doch war auch ein Tropfen der Trauer dabei, als sie es holte. »Deine Mama holt dich jetzt« sagte die Bäuerin zum Kind. »Sie ist nicht meine Mama, du bist meine Mama«, sagte das Kind und zeigte auf die Pflegemutter. Doch es war auch ein gutes Zeichen, dass es die Pflegemutter als seine Mutter ansah. Überglücklich waren auch meine Eltern, die nun endlich ihr Versteck verlassen konnten. Wir erfuhren nun erst, dass es der ganze Ort gewusst hatte: Hier lebten Juden im Versteck. Und es hatte keine Denunziation gegeben. Das war in Frankreich möglich.

Vom französischen Kriegsministerium anerkannt stand dem »Komitee der Bewegung Freies Deutschland für den Westen« (CALPO) auf dem Boulevard Montmartre No. 19 ein Büro zur Verfügung. Dort arbeitete Ettie. Die französische Armee wurde neu formiert, ein ganzes Regiment wurde aus Freiwilligen, ehemaligen Kämpfern der Résistance, in der Kaserne Reuilly formiert. Denn der Krieg ging weiter, die deutschen Streitkräfte hatten sich in die Höhen vor Metz in Lothringen und ins Elsass zurückgezogen und dort eine neue Frontlinie aufgebaut. Das neu formierte französische Regiment bereitete sich vor, an den Kämpfen teilzunehmen. Ich bekam den Auftrag, als Beauftragter der »Bewegung Freies Deutschland« mit an die Front zu gehen und mit Hilfe von Lautsprechern und auch Flugblättern, die man mit Spezialgeschossen über die Front schießen konnte, unsere Aufklärungsarbeit gegenüber den deutschen Soldaten fortzusetzen. Dazu war ich ausgerüstet mit Papieren des Kriegsministeriums, militärisch dürftig eingekleidet, eingegliedert in die Brigade des legendären Résistance-Kämpfers Colonel Fabien. In den Monaten Oktober, November, Dezember 1944 war ich an der Front in Lothringen, bei den Kämpfen um die Höhen vor Metz, an der Flanke von amerikanischen Streitkräften und von ihren Flugzeugen unterstützt. Jedoch kam ich nicht richtig zum Einsatz, da mir weder Lautsprecher noch andere Mittel zur Verfügung standen. Ich war nicht der einzige Beauftragte, ich hatte noch einen Kameraden,

einen ehemaligen deutschen Soldaten, an meiner Seite, der später im
Einsatz an der Front im Elsass tödlich getroffen wurde, als er versuchte, die Wehrmachtssoldaten zu überzeugen, in dem längst verlorenen Krieg ihr Leben zu retten. Er hieß Hans Lamperz. Er gab sein
Leben, um Leben zu retten.

Als erste deutsche Stadt wurde Aachen von den Amerikanern befreit. Als ich bei einem Aufenthalt in Paris Otto Niebergall den Vorschlag machte, mich nach Luxemburg zu entsenden, um als Frontbeauftragter unserer Bewegung an die amerikanische Front zu gehen
und dann mit Hilfe der Amerikaner in die erste befreite deutsche Stadt
zu gelangen, bekam ich seine Zustimmung. Colonel Fabien gab mir
auf Englisch ein Empfehlungsschreiben mit. Abenteuerlich auf einer
Lokomotive gelangte ich um Weihnachten herum nach Luxemburg.
Dort wurde ich bei ehemaligen Widerstandskämpfern, es waren Eisenbahner, untergebracht und bekam die Verbindung mit dem ehemals
illegal in Luxemburg lebenden deutschen Antifaschisten Graf (sein
Vorname ist mit entfallen). Von den amerikanischen Armeestellen gab
es keine Unterstützung. Bei meinen wiederholten Bemühungen, an die
Front zu gelangen, verhafteten mich amerikanische Militärpolizisten,
brachten mich nach Verdun in die Festung, wo ich vernommen wurde.
Anschließend wurde ich nach Paris gebracht und den französischen
Behörden übergeben, die mich auf Grund meiner Papiere gleich
wieder freiließen. Aber ich ließ nicht locker, mich reizte es dummer-
weise, zum zweiten Mal nach Luxemburg zu gehen. In der Stadt Esch
ließ ich in einer Druckerei eine große Menge Flugblätter drucken, die
an die deutschen Soldaten gerichtet waren. Ich wiederholte vergeblich
meine Versuche, den amerikanischen Kommandanten von meiner
antifaschistischen Arbeit zu überzeugen. Stattdessen gerieten die
amerikanischen Armeeangehörigen in Panik, als deutsche Geschosse
während der Ardennen-Offensive in Luxemburg einschlugen und es
so aussah, als ob die Wehrmacht die Front durchbrochen hätte. Ich
sah, wie die amerikanischen Armeebehörden in Panik ihre Koffer
packten und dabei waren, Luxemburg fluchtartig zu räumen.

In dieser Situation wurde ich von amerikanischen Militärpolizisten
zum zweiten Mal verhaftet und ins Hauptquartier der amerikanischen

Armeeführung gebracht. Ich wurde in einen prächtig ausgeschmückten, großen Saal geführt, hinter einem prunkvollen Schreibtisch saß ein General. Später erfuhr ich, es war General Bradley. Bei mir waren ein Soldat und ein Dolmetscher. Der General fragte mich, warum ich hier sei. Ich erklärte es. Offenbar erfuhr dieser General zum ersten Mal von einer Bewegung Freies Deutschland, von ihrer Tätigkeit, von Frontbeauftragten. Und dass ich in die erste befreite deutsche Stadt wollte. Daraufhin fragte der General, warum wir nicht warten könnten, bis ganz Deutschland befreit sei. Ich antwortete ihm, dass es in Deutschland von 1933 an bis in die Gegenwart Widerstand gegeben habe, der große Opfer gebracht und auch nicht auf die Befreiung gewartet habe. Das muss den General in Rage versetzt haben. Er drückte auf den Knopf. Hereintraten zwei Militärpolizisten. Denen gab er irgendwelche Befehle. Ich verstand kein Englisch. Die beiden Polizisten führten mich hinaus, verbanden mir die Augen, setzten mich in einen Jeep und fuhren los. Wir fuhren stundenlang, keine Ahnung wohin. Auf einmal hörte ich, als wir in eine Stadt hineinfuhren, französische Stimmen auf der Straße. Ich spürte, wie ich unter Verfluchungen angespuckt wurde. Dann wurde mir die Binde abgenommen. Ich sah mich wieder in der Festung von Verdun und wurde in eine Zelle gesperrt. Am anderen Tag verhörte mich ein gut Deutsch sprechender Amerikaner, von dem ich den Eindruck hatte, dass er ein deutschjüdischer Emigrant war. Ich musste auf ihn überzeugend gewirkt haben. Ich wurde gut verpflegt. Nach ein paar Tagen wurde ich wieder in einen Jeep gesetzt, die Augen jedoch nicht verbunden, begleitet von zwei amerikanischen Offizieren. Wir rollten Richtung Paris und fuhren in eine Kaserne in einem Vorort von Paris, der Name der Kaserne ist mir entfallen. Auf dem Kasernenhof standen viele französische Soldaten, offenbar Rekruten. Mehrere fragten den Fahrer des Jeeps, was denn mit mir los sei. Sie wunderten sich über einen Gefangenen in französischer Uniform. Wahrscheinlich hatte der Fahrer ihnen gesagt, dass es sich um einen deutschen Spion handele. Sie lieferten mich im Kommandobau der Kaserne ab. Die französischen Offiziere betrachteten meine Papiere, die mit mir übergeben wurden, unterzeichnet vom französischen Kriegsminister; sie ahnten offenbar, wer

ich war. Das war mein Glück. Aber auf dem Kasernenhof ging es wie
ein Lauffeuer herum: Die Amerikaner haben einen deutschen Spion
gebracht, der als Franzose getarnt war. Hunderte versuchten das Gebäude, in dem ich mich befand, zu stürmen, mich herauszuholen und
zu lynchen. Die Türen wurden aber schnell verriegelt. Die Offiziere
brachten mich rasch in die hintersten Gebäude der Kaserne, wo ich
mich inmitten von deutschen Kriegsgefangenen wiederfand. Sie zogen
mir die französische Uniform aus, gaben mir eine deutsche Uniform
und retteten mich so. Jetzt war ich deutscher Kriegsgefangener, an
meiner Uniform das Hakenkreuz, das ich jedoch schnell entfernte.

Nun teilte ich ihr Schicksal. Ich musste erst mit mir ins Reine
kommen, war zunächst nicht sehr gesprächig. Wenn sie mich fragten,
sagte ich natürlich, wer ich war. Mit ihnen hungerte ich. Es gab unter den
Gefangenen auch deutsche Zivilisten. Nach einigen Tagen marschierte
ich, eingereiht in die Kolonne der deutschen Kriegsgefangenen, begleitet von französischem Militär, durch die vereisten Straßen von
Paris zu einer Forteresse, einer Festung am Rande von Paris. Bei
der Einlieferung wurde jeder nochmals gefilzt, durfte nur ein Paket
Zigaretten behalten. Ein Soldat zog mir meine guten amerikanischen
Militärstiefel aus, die ich mir in einem amerikanischen Quartier ver-
schafft hatte, dafür bekam ich als Ersatz ein Paar Holzpantinen. Wir
wurden in Kammern der Festung untergebracht, getrennt von den
Offizieren, die eine bessere Behandlung erfuhren. Unsere Nahrung
bestand hauptsächlich aus einer dünnen Suppe und Keksen. Nun begann ich, Kontakte mit meinen Mitgefangenen aufzunehmen, erzählte
ihnen über mich und versuchte, meine Aufgabe fortzusetzen: die Aufklärung der Wehrmachtsangehörigen. Außerdem stachelte ich sie
gegen die Offiziere auf, die, wenn sie in die Mannschaftskammern
kamen, so taten, als wenn der Krieg nicht vorbei wäre. Trat einer ein,
sprang die ganze Mannschaft wie von der Tarantel gestochen auf,
einer rief: »Achtung!« und alle standen stramm. Ich blieb natürlich
sitzen, in der Wehrmachtsuniform, sah aus wie die anderen Soldaten
und sagte: »Der Krieg ist vorbei, macht den Quatsch nicht mehr mit!«
Dadurch zog ich den Hass der Offiziere auf mich. Aber durch die
Gespräche mit den Soldaten wurde auch ein Offizier auf mich auf-

merksam, der zu meiner wunderbaren Überraschung sich als Mitglied des »Komitees der Bewegung Freies Deutschland« vorstellte. Er war als Offizier in Südfrankreich eingesetzt gewesen, hatte den Kontakt mit uns gefunden und dort die Bewegung unterstützt. Sein Name war Arno Müller, Professor der Philologie in Breslau. Gemeinsam organisierten wir mit den Kriegsgefangenen so etwas wie eine Antifa-Schule. Das war nicht einfach bei den hungrigen, knurrenden Mägen der Gefangenen, deren geistige Aufnahmefähigkeit eingeschränkt war. Doch sie waren sehr neugierig, auch wissbegierig. Mir machte die Zusammenarbeit mit Arno Müller die Gefangenschaft erträglicher.

Wir versuchten auch mit Erfolg, die Gefangenen zu beeinflussen, sich nicht für die Fremdenlegion anwerben zu lassen, wofür auf sie ein starker Druck ausgeübt wurde. Mehrmals unternahm ich schriftliche Eingaben an die Kommandantur, mich freizulassen, mit Hinweis auf meine Papiere, die sich in ihren Händen befänden. Es gab keine Reaktion. Ich weiß nicht, wie lange ich noch das Schicksal der Kriegsgefangenen hätte teilen müssen, wenn nicht eines Tages eine Delegation unseres Komitees, vom Generalsekretär Harald Hauser geleitet, in unser Lager gekommen wäre. Unser Komitee hatte vom Kriegsministerium die Erlaubnis erhalten, alle Kriegsgefangenenlager aufzusuchen; für sie wurde eine spezielle Zeitung gedruckt, um sie dort zu verteilen. Vom Kommandanten erfuhr Harald Hauser, es befinde sich einer unter den Gefangenen, der behauptete, dass er zum Komitee gehöre. Daraufhin wurde ich zur Kommandantur geholt. Harald Hauser konnte sich vor Lachen nicht halten, als er mich entdeckte, denn für meine Frau und meine Kameraden war ich spurlos verschwunden; und wie ich aussah mit meinen Holzpantinen! Aber mir war zum Lachen wahrlich nicht zumute.

Meine Frau erzählte mir, wie Harald Hauser später lachend ins Büro des Komitees gestürzt war und seine Entdeckung verkündete. Am nächsten Tag war ich in Freiheit, nachdem ich mich von Arno Müller verabschiedet hatte. Zu Hause angekommen wollte mich Ettie stürmisch umarmen. Aber ich rief: »Rühr mich nicht an!« Splitternackt zog ich mich aus, warf alles, was ich am Körper getragen hatte, auf den Hof. Es wimmelte von Läusen.

Internationale Solidarität

Vom Komitee kam ein neuer Auftrag, den mir Otto Niebergall über-
mittelte. Die Führung der italienischen Resistenza wünschte in ihren
Reihen einen Deutschen, der erfahren sei in der TA, in der Aufklärungsarbeit gegenüber den Angehörigen der Wehrmacht. Ich war
sofort bereit. Mein Traum war es schon immer, einmal nach Italien
zu kommen. Mir wurde eine Anlaufstelle in Grenoble genannt und
die Adresse eines deutschen Kameraden in einem kleinen Ort in den
französischen Alpen. Von ihm sollte ich mir Bergschuhe borgen, damit
ich über die Alpen käme. Ich holte die Schuhe, in einem Heim in
Grenoble sammelten sich die Italiener, die als Emigranten in Frankreich lebten; mit ihnen wurde ich dann für die Resistenza rekrutiert.
Ich erhielt einen neuen Ausweis, hieß nun Luigi Righi, geboren in
Bolzano, eingegliedert in die Brigade Garibaldi. Dann wurden wir in
einem Lastwagen an den Fuß eines riesigen Berges gebracht, so ge-
waltig, dass ich erschrak. Es war März und alles war noch mit hohem
Schnee bedeckt. So überquerten wir die Alpen und kamen unversehrt
durch die Ketten der Deutschen. Am mühseligsten war der Abstieg,
meine Füße waren fürchterlich wund, denn die geborgten Stiefel
passten mir nicht, jeder Schritt ein Schmerz; doch endlich erreichten
wir ein Dörfchen im Piemont. Der blaue Himmel, Italien, Italien! Da
war ich also unter den italienischen Partisanen, Partigiani. Wenn auch
unter deutscher Besatzung, ich durfte Italien erleben.

Meine erste Bemühung war es, an eine Schreibmaschine zu
kommen und Verbindung mit einer Druckerei zu erhalten. Dies klappte
auch, mir wurde eine Schreibmaschine geborgt. Jedoch entstand nur
ein einziges Flugblatt, da bald der Aufstand in Norditalien begann.
Die Partisanen, die enormen Zulauf hatten, befreiten einen Ort nach
dem anderen, größere Städte und schließlich auch Turin. Im April
kapitulierte die deutsche Armee unter Marschall Kesselring. Von einer
unserer Brigaden wurde Mussolini erkannt, der als deutscher Soldat getarnt mit seiner Geliebten und Juwelen in die Schweiz flüchten wollte.

Am anderen Morgen wurde er mit seiner Geliebten erschossen.
Noch am Vorabend hatte ein Volksgericht ihn zum Tode verurteilt.

Mussolini und der italienische Faschismus

Der italienische Faschismus kam mit Benito Mussolini bereits 1922 an die Macht. Er begründete schrittweise eine autoritäre, extrem nationalistische und terroristische Herrschaftsform nach dem Führerprinzip. Die Arbeiterbewegung wurde zerschlagen, ihre Errungenschaften und die demokratischen Rechte wurden beseitigt und die nichtfaschistischen Parteien verboten. An die Stelle eines gewählten Parlaments trat ein »faschistischer Großrat«. Auch der italienische Faschismus vertrat expansionistische Ansprüche (Krieg um Kolonien in Afrika und auf dem Balkan) und verfolgte grausam seine politischen Gegner, insbesondere aus den Gewerkschaften und Arbeiterparteien, aber auch aus den Reihen bürgerlich-demokratischer und sogar nichtfaschistischer konservativer Kräfte.

Anders als im deutschen Faschismus hatte der Antisemitismus im italienischen keine herausragende Bedeutung. Erst in den 40er Jahren fanden Deportationen in die faschistischen Vernichtungslager statt. Nach der Landung der alliierten Truppen in Sizilien 1943 wurde Mussolini abgesetzt und inhaftiert. Im September 1943 befreiten deutsche Luftlande-Einheiten Mussolini und brachten ihn nach Norditalien, wo er, gestützt auf SS und Deutsche Wehrmacht, erneut ein diktatorisches Regime (»Republik von Salo«) errichtete.

Gegen dieses Regime und die deutsche Besatzung entwickelten sich ein Volkswiderstand und eine breite Partisanenbewegung besonders in Mittel- und Norditalien.

Etwa 25 Jahre später, anlässlich der Einweihung eines Denkmals in Como zur Erinnerung an den internationalistischen Charakter der Resistenza, traf ich mit meinen italienischen Kameraden zusammen. Einer von ihnen führte mich nach Dongo am Comer See zu dem Haus, in dem Mussolini in jener Nacht eingesperrt war, und sagte,

Ausweis der Brigade Garibaldi, der Peter Gingold als Luigi Righi ausweist

dass das Exekutionskommando aus drei Kameraden bestanden habe: »Ich bin der einzige Überlebende«.

Den 8. Mai 1945 erlebte ich in Turin. Ich war in einer Kaserne untergebracht; nun weckte mich ein unaufhörliches Glockengeläut. Es verkündete das Kriegsende. Ich ging ins Zentrum und wurde von den Hunderttausenden, die sich gegenseitig umarmten, fast erdrückt. Und unter Mandolinenklängen von »Bella ciao«, »Avanti popolo… bandiera rossa« sangen und tanzten sie bis in die tiefe Nacht. So kann nur ein Volk feiern, das selbst heldenhaft für seine Befreiung gekämpft hat.

Die Befreiung! Der deutsche Faschismus endgültig zerschmettert, die Menschheit vor dem Untergang in die Barbarei gerettet! Ich hatte Tränen der Freude, aber auch der Trauer, wenn ich an all jene dachte, die ihr Leben für diesen Tag eingesetzt hatten, ihn aber nicht mehr erleben konnten. Auch hier sah ich in diesen Tagen der Befreiung entsetzliche Szenen der Selbstjustiz gegenüber italienischen Faschisten, die sicherlich Grausamkeiten begangen hatten, aber auch gegen Mädchen, denen die Köpfe kahl geschoren wurden.

Eigentlich hätte ich mich nun bald auf den Weg nach Hause machen müssen. Doch ich wollte auch ein bisschen Italien, das befreite Italien genießen. Ich war nun ganz offiziell von meiner Brigade Garibaldi demobilisiert, mir wurde bestätigt, wer ich in Wirklichkeit war, ich bekam neue Ausweispapiere und Empfehlungsschreiben an die italienischen Autoritäten, mich zu unterstützen. Ich konnte mich in Milano ein bisschen umsehen, wurde in einem prunkvollen Palast

---

FEDERAZIONE TORINESE DEL PARTITO COMUNISTA ITALIANO

Torino lì, 12/MAGGIO/1945

OGGETTO :

Il compagno GHINGOLD PHILIPP (RIGHI LUIGI),dal 1934 a disposizione del Partito,ha compiuto il lavoro di propaganda in Francia e dall'aprile del 1945 é stato a disposizione del P. in Francia per venire in Italia a compiere il lavoro di propaganda tra i militari tedeschi.Soltanto per motivi non dipendenti dalla sua volontà non ha potuto raggiunge - re in tempo utile l'Italia.Per questo la sua opera non é più utile qui in Italia,e ,al contrario,si crede più opportuno che egli venga invia- to al suo paese d'origine dove potrà dare la sua attività con il mi- glior risultato possibile,date le circostanze.
      Il compagno Ghingold é un elemento di assoluta fiducia e la sua immediata utilizzazione saranno di grande utilità.
      Tutti i compagni sono pregati di facilitargli il raggiungimento del suo paese di origine:Aschaffenburg(Bayern).

      Der kamerat GHINGOLD PHILIPP(RIGHI LUIGI),von 1934 stehet zu Ver- fuegung der partei,machtee die Propaganda Arbeit in Frankreich und von april 1945 stand zur Verfuegung der Partei in Frankreich um nach Italien zu kommen, die Propagandaarbeit unter den deutschen Soldaten zu leisten. Auf Grund der Erhebung in Italien konnte diese Arbeit nicht rechtzeitig auf italienischen Boden entfaltet werden. Auf Grund der jetzigen Situation sind wir der Meinung, dass es besser ist, dass der Kamerad nach Deutschland geht, wo er mit besseren Resultat seine Akti- vitaet entfalten kann.
      Der Kamerad GINGOLD ist ein Element in dem man absolutem Vertrauen haben kann und seine sofortige Verwendung wird von grossen Nutzen sein.

      Alle Kameraden werden gebeten ihm jede Hilfe zu leisten, damit er sein Geburtort: Aschaffenburg (Bayern) auf schnellsten Wege erreichen kann.

         La segreteria.Der Secreteriat

Österreich unter alliierter Besatzung

Auch Österreich wurde als Teil des »Großdeutschen Reichs« nach der Befreiung von Faschismus und Krieg unter die gemeinsame Verwaltung aller vier Siegermächte gestellt. Ähnlich wie in Deutschland wurden vier Besatzungszonen geschaffen und Wien gemeinsam von den vier Alliierten kontrolliert. Der Besatzungsstatus wurde 1950 mit der Verkündigung der »immerwährenden Neutralität« Österreichs aufgehoben.

untergebracht und versorgt. Die Bahnen fuhren noch nicht, per Anhalter gelangte ich in meinen sogenannten »Geburtsort Bolzano«, war unterwegs bei ehemaligen Partigiani untergebracht.

Ich fuhr nach Bozen, weil ich hoffte, mich von dort aus ins befreite Deutschland durchschlagen zu können. Die Direktive der Führung meiner Partei war, so schnell wie möglich in den Heimatort zurückzukehren, um Einfluss auf die künftige Gestaltung Deutschlands nehmen zu können. Ich war politisch so diszipliniert, dass ich es nicht einmal vorgezogen hatte, erst zu meiner Familie zurückzukehren. Heute sage ich, ich war irgendwie besessen. Man warnte mich, den Weg über den Brenner nach Deutschland zu nehmen, denn auf diesem Weg versuchten viele SS-Angehörige, Italien zu verlassen. Die Amerikaner, so hieß es, würden jeden abschießen, der versuchte, illegal über die Alpen nach Deutschland zu kommen. Dieses Risiko wollte ich nicht eingehen, deshalb nahm ich einen anderen Weg. Ich versuchte, an die jugoslawische Grenze zu kommen, wo mir sicherlich weitergeholfen würde, um dann über Österreich nach Deutschland zu gelangen. Ich befand mich auf der Straße Richtung Triest. Ich kam kaum vorwärts, ab und zu wurde ich von einem LKW mitgenommen. Dann wieder lief ich ein Stück. Da hörte ich hinter mir einen ganzen Trupp marschieren und dachte, der sei sicherlich auch von einem LKW abgesetzt worden. Dann hörte ich deutsche Laute und näherte mich dieser Truppe. Einer scherte aus, stürzte sich auf mich und rief: Das ist ja der Peter Gingold!

Es handelte sich um Österreicher, die in der Résistance gekämpft hatten. Einige kannten mich auch aus der Emigration. Nun waren sie auf dem Wege nach Hause. Natürlich war ich glücklich und schloss mich ihnen an. Nach langem Marsch in Triest angelangt, wurden wir von Tito-Partisanen aufgenommen, nachdem sie unsere Papiere und unser Gepäck kontrolliert hatten. Allerdings nahmen sie auch die Revolver, die sie entdeckten, an sich. Sie brachten uns unter und halfen uns am anderen Tag, an die österreichische Grenze zu gelangen.

Dort wurden wir von sowjetischen Offizieren in Empfang genommen, versorgt und nach einer Übernachtung mit einem Militär-LKW nach Wien gebracht. Mit meinen österreichischen Kameraden ging ich zum Sitz des Zentralkomitees der KPÖ in der Wassagasse. Einer von ihnen, er hieß Schubert, wurde Tage darauf Polizeipräsident von Wien. Mir wurde empfohlen, in die 4. Etage zu gehen, dort säße Franz Dahlem, ein führendes Mitglied des ZK der KPD, der aus dem KZ Mauthausen befreit worden war. 1940 war er aus einem französischen Internierungslager an Deutschland ausgeliefert worden und hatte das Glück, dass er nicht hingerichtet, sondern ins KZ Mauthausen eingeliefert wurde. Er konnte nicht wissen, was wir seitdem in der Résistance geleistet hatten. Ich musste ihm alles schriftlich darlegen. Er veranlasste, dass ich mit den anderen deutschen Kommunisten aus Mauthausen im Wilhelminen-Schloss im 17. Bezirk untergebracht wurde. Am anderen Tag brachte ich ihm meinen Bericht. Als er ihn gelesen hatte, teilte mir Dahlem mit: »Ich fliege am übernächsten Tag nach Moskau, du wirst mitkommen«. Das war ein Traum für mich, einmal in Moskau zu sein. Zu meiner Enttäuschung bekam ich jedoch bald darauf die Nachricht, ich müsse mit den anderen im Schloss bleiben: Wien sollte ich bis auf weiteres nicht verlassen. Später erfuhr ich, dass es mir gegenüber doch ein – mir verständliches – Misstrauen gab. Denn was ich niedergeschrieben hatte, klang sehr fantastisch. Von Moskau aus wurde eine Anfrage nach Paris an unser Komitee geschickt: Wer denn dieser Peter Gingold sei? Auf diese Weise hat wenigstens meine Frau ein Lebenszeichen von mir erhalten.

Wir waren etwa 30 oder 40 Insassen des Schlosses; die meisten hochqualifizierte Funktionäre der Partei, die später in der DDR hohe

Funktionen übernahmen, darunter z. B. Heinrich Rau, der spätere Vorsitzende der Staatlichen Plankommission. Ich musste viele Vorträge halten. Begierig hörten sie mir zu, was ich über unsere Teilnahme an der Résistance, aber auch über unsere Probleme zu sagen hatte. Wir haben viel diskutiert, was wir jetzt aus Deutschland machen könnten. In dieser Stadt, die so sehr hungerte, wie ich es noch nie erlebt hatte, waren wir einigermaßen versorgt. Ohne die Versorgung durch die Rote Armee wären die Menschen dieser Stadt verhungert. Ich sah, wie Menschen aus Mülleimern Butterpapiere herausholten und sie ableckten. Trotzdem waren es zuerst die Cafés, die Theater und die Oper, die wieder in Gang kamen. Wir haben das reichlich genossen.

Nach etwa vier Wochen wurden wir alle von sowjetischen Offizieren mit Militär-LKWs abgeholt und über die Tschechoslowakei nach Berlin gebracht. Unterwegs sahen wir die Trecks der Ausgesiedelten, aber auch lange, lange Menschenkolonnen, die uns entgegenkamen. Es waren die heimkehrenden, von den Nazis verschleppten Zwangsarbeiter. Wir saßen auf der offenen Fläche des LKWs, begleitet von sowjetischen Offizieren. Die Heimkehrenden vermuteten, dass wir deutsche Gefangene seien. Sie bewarfen uns mit Steinen und was sie sonst noch greifen konnten. Folgende Szene ist mir noch in Erinnerung: Ein deutscher Zivilist fuhr mit seinem Fahrrad gegen den Strom der Heimkehrer. Einer von ihnen stürzt sich auf den Radfahrer und nimmt das Fahrrad an sich. Der sowjetische Offizier hält an, springt vom LKW und zwingt den Heimkehrer, das Fahrrad wieder zurückzugeben. Ich berichte das, weil man ja sonst immer nur von Vergewaltigungen hört, wenn von sowjetischen Soldaten und Offizieren gesprochen wird.

Als wir Dresden durchquerten, stieg einer unserer Kameraden aus, weil es seine Heimatstadt war. Er verabschiedete sich mit »Rot Front« – nie habe ich seine Tränen angesichts der Ruinen vergessen. In Berlin wurde ich vom Komitee »Opfer des Faschismus« (OdF) untergebracht, das uns und andere Überlebende aus den Konzentrationslagern versorgte. Es war eine provisorische Unterkunft in der Seestraße in Westberlin. Nun war ich im befreiten Deutschland, das in vier Besatzungszonen geteilt war.

Politischer Neuanfang
in Deutschland

Eine politische Episode in Berlin

Berlin war eine Stadt der Ruinen. Sie wirkte unheimlich auf mich. Die Straßen waren von den Trümmern teilweise gesäubert, alle wieder passierbar. Trümmerfrauen beherrschten das Bild von Berlin: Sie klopften die Backsteine sauber und reichten sie von Hand zu Hand, Ketten bildend, weiter. Ich kam zum ersten Mal in diese Stadt. Es war Juli 1945. Am Kurfürstendamm fand ich viele Häuser erhalten. In der Prachtstraße »Unter den Linden« stand jedoch keine Linde mehr. Nicht lange war ich in Berlin, da wurde mir in meiner Unterkunft Bescheid gegeben, ich solle in die Wallstraße kommen, wo – nicht weit vom Alexanderplatz – sich der erste Sitz des ZK der KPD befand. Dort war bereits bekannt, dass ich mich in Berlin befand, und so hat mich, offenbar zu seiner eigenen Überraschung, Hermann Axen entdeckt. Nun erwartete er mich. Auch ich war verwundert und erfreut, dass er überlebt hatte. Wir waren gerührt und umarmten uns bei diesem Wiedersehen. Bei Hermann Axen lernte ich Erich Honecker kennen. Der sagte mir, dass wir jetzt die »Freie Deutsche Jugend« aufbauten, er selbst Vorsitzender und Hermann Axen Organisationssekretär werden sollten. Für mich sei vorgesehen, die Gewerkschaftsjugend aufzubauen und zu leiten. Das hätte bedeutet, dass ich in Berlin bleiben musste. Das wäre für mich ein ganz neuer Lebensweg gewesen. Dafür konnte ich mich aber nicht entscheiden. Ich lehnte mit der Begründung ab, in der Partei hätte ich immer Jugendarbeit gemacht. Jetzt sei ich 29 Jahre alt und wolle kein »Berufsjugendlicher« werden.

Es gab für mich noch andere Gründe, die ich aber nicht äußerte: Bleibst du in Berlin, in der sowjetischen Besatzungszone, wirst du große Schwierigkeiten haben, in den Westen, in die amerikanische Besatzungszone zu kommen; du hättest kaum die Möglichkeit, nach Paris zur Familie, zu Ettie und Kind und zu den Eltern zu fahren. Ich sagte den beiden, ich hielte mich an die Direktive von Otto Niebergall, dass jeder so schnell wie möglich in seine Heimatstadt zurückkehren solle, um dort auf die Neugestaltung Deutschlands Einfluss zu nehmen. Die beiden haben meine Entscheidung akzeptiert. Allerdings mit einem Kompromiss, dass ich doch noch einige Monate in der Ostzone bliebe, damit ich die Umwälzung in diesem Lande zu einer antifaschistisch-demokratischen Ordnung miterlebte. Damit war ich einverstanden.

Ich half mit, in Charlottenburg, in dem von den Engländern besetzten Teil von Berlin, die KPD aufzubauen. Vor allem arbeitete ich zusammen mit Annette Langendorf; sie stammt aus Mannheim und hatte das KZ Ravensbrück überlebt. Durch sie lernte ich die Genossinnen Rosa Thälmann und Maria Wiedmeyer kennen, beide ebenfalls Überlebende von Ravensbrück. Ich besuchte die zentralen Konferenzen der KPD, lernte auch Fred Oelßner kennen, der die Bildungsarbeit in der Partei organisierte, auch Wolfgang Leonhard, der die Bildungshefte formulierte. Ich bekam viel von dem mit, was sich in der Umwälzungsperiode in der damaligen Ostzone vollzog: die Bodenreform, die Enteignung der großen Gutsbesitzer, die Aufteilung des Bodens unter die landarmen Bauern, die Schulreform. Kein ehemaliger Lehrer, der als Nazi bekannt war, kam wieder in die Schule. In Schnellkursen wurden Neulehrer ausgebildet. Und dann vor allem die Anfänge der Industriereform, die Beschlagnahmung der Konzerne, wie z.B. die Leunawerke des Chemiekonzerns IG Farben: Die Großbetriebe wurden wenig später, ab Mai 1946, in Volkseigentum überführt und die Banken verstaatlicht. All dies geschah natürlich mit Unterstützung der sowjetischen Besatzungsmacht. So vollzog sich die Bildung der antifaschistisch-demokratischen Ordnung, die ich hautnah miterleben konnte und für die man die Bevölkerung zu gewinnen versuchte.

Volksentscheide in Sachsen und Hessen

Unter Antifaschisten gab es 1945 den Konsens, dass jene gesellschaftlichen Kräfte, die den Faschismus an die Macht gebracht und von seiner Herrschaft und ihren Verbrechen
profitiert hatten, entmachtet werden müssten. Diese Kräfte
sah man wesentlich auch in den Konzernzentralen der Großindustrie insbesondere von Eisen und Stahl sowie Chemie, des
Bergbaus und der Banken. Zukünftig sollten diese Bereiche in
gesellschaftliches Eigentum überführt werden.

Im Jahr 1946 fanden dazu in der amerikanischen und
der sowjetischen Besatzungszone Volksabstimmungen statt.
Am 30. Juni 1946 stimmten in Sachsen 77,6 % für die ent-
schädigungslose Enteignung der Betriebe von Nazi- und
Kriegsverbrechern, vor allem der industriellen Großunter-
nehmen also, und ihrer Überführung in Volkseigentum.
Am 1. Dezember 1946 waren die hessischen Wähler aufgerufen, über die neue Verfassung und insbesondere über
den Artikel 41, der die Vergesellschaftung in den Bereichen
Bergbau, Eisen und Stahl sowie Energie und Verkehr und die
staatliche Verwaltung von Banken und Versicherungen fest-
legte, abzustimmen. Diesem Artikel stimmten 72 % der Wahl-
berechtigten zu, so dass er bis heute gültiger Teil der Hessischen
Landesverfassung ist.

Nach etwa drei Monaten meldete ich mich beim Zentralkomitee
der KPD zur Rückkehr nach Frankfurt ab. Es gab ein Verabschiedungs-
gespräch mit Franz Dahlem, Anton Ackermann und Walter Ulbricht.
Wir waren zwei, die in den Westen gingen, mit mir ging Paula Nuding,
auch eine Überlebende von Ravensbrück, eine bekannte Funktionärin
der Partei. Beim Abschied wurde besonders betont, was ich heute
noch im Ohr habe: »Ihr geht in den Westen, der beherrscht wird von
einer imperialistischen Besatzungsmacht. Ihr werdet es sehr schwer

haben. Denn diese wird alles tun, um die Entwicklung zu einer antifaschistisch-demokratischen Ordnung, wie wir sie in Ostdeutschland
vollziehen, zu verhindern. Und sagt vor allem den Freunden und Genossen drüben, dass die Oder-Neiße-Linie, die Grenze zu Polen endgültig bleibt, daran wird nie mehr gerüttelt.«

Wir kamen mit dem Zug nach Eisenach, meldeten uns bei der
sowjetischen Behörde mit einem entsprechenden Empfehlungsschreiben, in dem gebeten wurde, uns über die Grenze in den Westen
zu schleusen. Sie hatten es nicht eilig; sie quartierten uns erst einmal
in einer Villa ein und versorgten uns mit Lebensmitteln. Dort verbrachten wir eine Woche, lernten die Stadt kennen, das Bach-Museum,
die Wartburg.

Bei der Bezirksleitung der KPD machte ich die Bekanntschaft mit
Hans Schnauber. Er stammte aus Darmstadt. Es hat mich tief beeindruckt, als er mir erzählte, wie er zum ersten deutschen Überläufer zur
Roten Armee geworden war, gleich zu Beginn des Krieges gegen die
Sowjetunion. Beim anfänglichen Rückzug der sowjetischen Truppen
führten diese auch Gegenangriffe durch. In so einem Moment blieb
er in seinem Loch und wartete auf die sowjetischen Soldaten. Es war
schwierig, ihnen verständlich zu machen, dass er ein Überläufer war.
Das wollten sie ihm nicht glauben. Sie fanden einen, der einigermaßen
dolmetschen konnte, vermuteten aber immer noch, dass er ein Spion
sei, weil es einfach unglaublich schien, dass einer in so einer Situation
überläuft: »Wir im Rückzug, die Deutschen im Vormarsch«. Sie
wollten ihn an Ort und Stelle erschießen und richteten bereits die Gewehre auf ihn. Daraufhin machte er seine Brust frei, rief ihnen zu: »Ich
bin Kommunist, ich wollte nicht auf meine Brüder schießen. Wenn ihr
wollt, dann tötet mich.« Da wurden sie stutzig und brachten ihn zum
Kommandostab im Hinterland, wo er auf die Direktive der illegalen
Leitung der KPD in Darmstadt hinwies, bei erster Gelegenheit zur
Sowjetarmee überzulaufen. Die Offiziere suchten auf der Landkarte,
wo Darmstadt liegt. Dann brachten sie ihn weiter ins Hinterland, bis
er schließlich bei der Gruppe von Walter Ulbricht in Moskau landete,
wo er dann später mit anderen als Frontbeauftragter der »Bewegung
Freies Deutschland« eingesetzt wurde.

Endlich brachten uns sowjetische Offiziere über die Grenze nach Westen. Ich hatte nur einen leichten Rucksack, habe aber den schweren Koffer meiner Genossin auf den langen Wegen getragen, bis wir an eine Eisenbahnstation kamen. Wir hatten Glück, bald kam ein Zug nach Frankfurt. Natürlich überfüllt, alles stand dicht gedrängt. Der Zufall wollte, dass ich mit einer älteren Frau ins Gespräch kam. Sie erzählte, dass sie als Rednerin der KPD zu Versammlungen unterwegs sei. Als sie ihren Namen nannte, Eva Höhn, bin ich ihr bald um den Hals gefallen. Sie war die Mutter eines engen Freundes vom Kommunistischen Jugendverband in Frankfurt, Willi Höhn. Ich erfuhr, dass auch er überlebt hatte und aus dem Zuchthaus Bamberg befreit worden war.

Zurück in Frankfurt am Main

Ich erreichte Frankfurt im November 1945. Wie Berlin war auch meine Heimatstadt in Ruinen verwandelt, die wunderschöne Altstadt war verschwunden, der Römerberg ein einziger Schutthaufen. Ich suchte alle Häuser auf, in denen wir gewohnt hatten, nur Reste von Grundmauern waren zu finden. Das ehemalige Parteihaus der NSDAP in der Gutleutstraße 8-12 hatte die KPD, nachdem sie wieder legal arbeiten konnte, in Beschlag genommen. Dort meldete ich mich und wurde vom Vorsitzenden Walter Fisch erwartet. Es war vorgesehen, dass ich Mitglied der Leitung würde und die Schulungsarbeit übernähme. Es gab eine Betreuungsstelle für die Überlebenden des Widerstands und der Verfolgung, geleitet von Lore Wolf, die ich aus der Emigration in Frankreich kannte. Sie war in Frankreich verhaftet und vom Volksgerichtshof zu lebenslänglicher Haft verurteilt worden. Später schrieb sie über ihre Geschichte des Widerstandes das erschütternde Buch »Ein Leben ist viel zu wenig«. Anna Seghers, eine ihrer engsten Freundinnen, hat dazu das Vorwort geschrieben. Lore Wolf brachte mich provisorisch unter.

Bevor ich meine politische Arbeit begann, fuhr ich nach Paris zu meiner Familie. Ich brauchte aber ordentliche Papiere. Inzwischen

waren die Ämter wieder eingerichtet. Ich bekam meine Kennkarte
und den Pass als Deutscher, in Aschaffenburg geboren. Unzweifelhaft,
obwohl ich als 17-Jähriger in der Emigration die polnische Staatsangehörigkeit hatte. Denn nach dem damaligen Staatsangehörigkeits-
gesetz, das in wesentlichen Teilen noch heute gilt, hatte man immer
die Nationalität der Eltern. Später, als ich meine Frau und mein Kind
hierher holte und auch unsere jüngere Tochter Silvia 1946 in Frankfurt
geboren wurde, hatten wir alle die deutsche Staatsangehörigkeit. Ich
erwähne es deshalb, weil es in unserem Leben noch eine große Rolle
spielte.

Nun war ich erst einmal auf dem Weg nach Paris. Bei meinem
Abschied von den führenden Genossen im Zentralkomitee in Berlin
hatte ich mein Vorhaben erwähnt, nach Paris zu gehen. Sie waren
darüber hocherfreut. Das wäre eine Gelegenheit, endlich Briefe an
die führenden Genossen der KPF mitzugeben. Einen ganzen Packen
gaben sie mir mit, adressiert an Maurice Thorez, den Generalsekretär
der KPF, und an Jacques Duclos, einen der bekanntesten führenden
Kommunisten in Frankreich. Legal konnte ich nicht nach Frankreich,
es gab noch kein französisches Konsulat für ein Visum. Ich musste
also über die »grüne Grenze«. Ich bat Genossen in Saarbrücken, mich
hinüberzubringen. Kaum auf der französischen Seite angelangt, lief
ich französischen Grenzsoldaten in die Arme. Sie verhafteten mich,
brachten mich nach Forbach, sperrten mich im Bahnhofsgebäude ein,
vernahmen mich und schlugen mich. Alle meine Beteuerungen, dass
ich an der Résistance teilgenommen hatte, halfen nicht. Sie durch-
suchten mein Gepäck, fanden auch die Briefe, die sie öffneten. Ich
war in einer verzweifelten Situation und wusste nicht, wie ich da
wieder herauskommen konnte. Doch bald ging mir wieder die Sonne
auf. Zur Vernehmung kam ein Beamter der Sûreté Nationale, des
französischen Geheimdienstes. Er besah die Briefe, bestimmt für das
ZK der KPF, und rief plötzlich aus: »Mais tu es un copain! Du bist ja
ein Genosse!« Noch saßen in der Anfangszeit des Aufbruchs nach der
Befreiung Frankreichs in allen wichtigen Ämtern Kommunisten, selbst
der Kriegsminister war Kommunist. So auch in der Sûreté Nationale.
Schlagartig änderte sich meine Situation. Er umarmte mich fest, bot

mir eine Zigarre an, brachte mir etwas zu essen. Dann wurde ich feier-
lich und in Begleitung der Soldaten, die mich verhaftet hatten, zum
Zug nach Paris geleitet, für den der Genosse aus dem Geheimdienst
mir auch die Fahrkarte kaufte.

Endlich war ich wieder für einige Zeit zu Hause in Paris. Ich wall-
fahrte zu meiner Tür, die mein Leben gerettet hatte. Jedes Mal mache
ich diese Wallfahrt und ich streichele die Tür, die bis heute unver-
ändert ist, und laufe jedes Mal durch den rettenden hinteren Ausgang.
Und es kommt mir heute wie ein Wunder vor, wie ich mein Leben
gerettet habe.

Doch mein Weg führte mich zurück nach Deutschland. Sicherlich
ganz schweren Herzens nahm Ettie Abschied; und doch war es
für meine Frau selbstverständlich, dass sie mit unserem Kind nach
Frankfurt kam, obwohl sie nie zuvor in Deutschland gewesen war. Sie
brachte zunächst unser Kind in die Schweiz in ein Kinderheim, zusammen mit dem Kind einer Freundin, die ebenfalls in der Résistance
gewesen war. Wir hofften, dass wir es dort mit einer guten Ernährung,
die ja in Deutschland noch nicht möglich war, einigermaßen auf-
päppeln konnten.

Für Ettie war es nicht einfach, Paris mit Frankfurt zu tauschen,
eine Stadt, die in Trümmern lag. Dazu kam noch, dass sie schwanger
war. Doch sie fand sich schnell zurecht, zumal sie gleich im Parteihaus als Sekretärin beschäftigt wurde und wir eine eigene Wohnung
erhielten. Wir zogen aus der provisorischen Unterkunft bei Freunden
in eine schöne, große Wohnung in einem gut erhaltenen Stadtteil,
Niederrad, in der Reichsforststraße, direkt am Wald. Diese Wohnung
eines höheren SS-Offiziers war beschlagnahmt worden. Er war in
Kriegsgefangenschaft. Seine Frau und ihre vier Kinder konnten über
uns in die Mansardenwohnung einziehen. Später erhielten sie eine
gleichwertige Wohnung im Nebenhaus. Mit der Familie hatten wir
in der darauf folgenden Zeit ein gut nachbarschaftliches Verhältnis.
Die Wohnung war möbliert, als wir einzogen. Die Miete von damals
36 Reichsmark erschien uns unerschwinglich. Von dem ersten Geld,
das wir als Rückkehrerhilfe erhielten, haben wir uns einfache Möbel
angeschafft, damit wir alles Mobiliar, das uns nicht gehörte, der Be-

sitzerin übergeben konnten. Weil wir das Privileg hatten, in einer relativ großen, gut erhaltenen Wohnung leben zu können, hatten wir auch Verpflichtungen: Immer wieder wurden Gäste der Partei und durchreisende Freunde bei uns untergebracht. Unsere Wohnung verwandelte sich buchstäblich in ein Hotel. Das war für Ettie eine große Belastung, zumal sie die Gäste ja auch verpflegen musste. Geholfen hat uns, dass wir Mitglieder der inzwischen wieder entstandenen kleinen jüdischen Gemeinde waren. Vor 1933 war sie die zweitgrößte Gemeinde Deutschlands mit 30.000 Mitgliedern gewesen. Ich gehörte zu den ersten Frankfurter Juden, die zurückgekehrt waren; Überwiegend bestand die Gemeinde aus ehemaligen DPs (Displaced Persons), ehemals Verschleppte, die sich in Frankfurt sesshaft machten. Wir wurden mit sonst unerschwinglichen Lebensmitteln versorgt: Büchsen mit Milchpulver, Kaffee, Zucker usw. So konnten wir unseren Gästen etwas anbieten.

In unserer Nachbarschaft spürten wir eine gewisse Ablehnung. Die Nachbarn wussten natürlich, dass wir eine überlebende jüdische Familie waren. Selten, dass wir angesprochen wurden, und wenn, dann erzählten sie uns, was sie selbst durchgemacht hätten: der Mann an der Front gefallen oder in Kriegsgefangenschaft, wie oft sie in den Luftschutzkellern in Todesängsten gesessen hätten. Sie sahen sich nur als Opfer. Es hat uns nie einer gefragt, was wir durchgemacht, wieso wir überlebt hatten. Es war die allgemeine Haltung, von all den Verbrechen nichts gewusst zu haben. Über das, was der jüdischen Bevölkerung angetan worden war, gab es das große Schweigen. Auch wir konnten über unsere Leiden nicht sprechen, auch wir haben geschwiegen. Natürlich verhielt es sich anders mit unseren Freunden und Genossen. Aber mit der normalen Bevölkerung konnten wir nicht darüber reden. Die meisten sahen in uns Ankläger, hätten es lieber gehabt, wenn wir nicht überlebt hätten, nicht zurückgekommen wären. Den Überlebenden aus den KZs und Zuchthäusern ging es ähnlich, galten sie doch in der öffentlichen Meinung vielfach immer noch als »Verbrecher«.

In dieser Zeit, 1945-1946 war ein strenger Winter, kämpfte jeder nur um sein Überleben. Das bedeutete, sein Dach zu flicken, Kohlen

Schwarzmarkt und Tauschhandel

Nach dem Krieg war die Versorgungslage der Bevölkerung sehr problematisch. Lebensmittel und Güter des täglichen Bedarfs waren offiziell nur gegen Lebensmittelmarken und in geringen Mengen in Geschäften erhältlich. Neben diesem legalen Handel entwickelte sich ein illegaler Schwarzmarkt, auf dem man alles bekommen konnte, allerdings zu astronomischen Preisen. Da der Besitz von ausländischer Währung Deutschen nicht gestattet war, die Reichsmark jedoch keinen wirklichen Wert mehr darstellte, galt auf dem Schwarzmarkt die »Zigarettenwährung«, oder man praktizierte einen Tauschhandel mit Naturalien. Zwar versuchte die Polizei, dem durch Razzien Einhalt zu gebieten, aber die Bedürfnisse der Bevölkerung und das fehlende Warenangebot führten dazu, dass Schwarzmarkt und Tauschhandel trotz Strafandrohungen blühten. Erst als nach der Währungsreform Produzenten und Händler ihre gehorteten Waren wieder zum freien Verkauf anboten, verschwand der Schwarzmarkt.

zu besorgen, Schlange zu stehen mit Lebensmittelkarten, Hamsterfahrten in die Dörfer. Die eigentliche, die wertvollste Währung waren die amerikanischen Zigaretten, mit denen man tauschen konnte. Der Schwarzmarkt, der Tauschhandel blühte, man sprach von Teppichen, die die Bauern in die Kuhställe legten. Die Menschen hungerten und froren. Glücklich waren die Empfänger von Care-Paketen, die Freunde oder Verwandte aus den USA schickten. Auch wir erhielten einige Male Care-Pakete von Etties Onkel und Tante aus den USA.

In der politischen Arbeit ging es uns erst einmal darum, das Leben wieder in Gang zu bringen. Unsere Partei hatte großen Zulauf. Ich glaube in Frankfurt hatten wir drei- oder viertausend Mitglieder, in meinem Stadtteil Niederrad einige hundert. Bei den ersten Kommunalwahlen im Jahr 1946 hatten wir enorme Erfolge, in vielen

Orten gab es kommunistische Bürgermeister. Mit der Niederlage des »Tausendjährigen Reiches« war für viele Menschen, die an den Nationalsozialismus geglaubt hatten, eine Welt zusammengebrochen. Manche sagten, jetzt kommen nur noch die Kommunisten infrage. Ich gab die ersten Bildungshefte heraus. Das wichtigste Thema war: Wie den Hunger beseitigen, die Wirtschaft wieder in Gang bringen, den Schutt in den Betrieben wegräumen, damit wieder produziert werden kann – aber alles in demokratischer Selbstverwaltung.

Dann organisierte ich Schulungen. Von den kommunistischen Bürgermeistern erhielt ich Unterstützung. Mit ihrer Hilfe konnte ich Wochenlehrgänge durchführen. Sie besorgten die städtischen Räume, vor allem die Lebensmittel. Da waren die jungen Menschen froh, eine Woche lang nicht hungern zu müssen. Alles, was sie an Grundkenntnissen der marxistischen Theorie, der Strategie und Taktik erfuhren, war für sie neu und faszinierend. Sie sogen es in sich auf wie ein trockener Schwamm. Mir standen bedeutende Referenten zur Verfügung. Einer der hervorragendsten war Hans Mayer, der später hochgeachtete und bedeutende Literaturwissenschaftler. Er kam aus der Emigration in der Schweiz, damals ein dünnes, schmächtiges Männlein, und er blieb in Frankfurt sesshaft. Im neu aufgebauten hessischen Rundfunk übernahm er die Kultursendungen. Mit ihm kamen aus der Schweiz auch die Schriftsteller Stephan Hermlin und Michael Tschesno-Hell, mit denen ich im Internierungslager nebeneinander gelegen und nachts Läuse geknackt hatte. Hans Mayer engagierte für seine Sendungen Stephan Hermlin. Dafür konnte der sich in der Kantine des Rundfunks einigermaßen satt essen. Im Archiv liegt ein Brief, in dem sich der damalige Kantinenwirt beschwerte, wieso ein Herr Hermlin die Kantine in Anspruch nehmen dürfe. Als sich unsere Wege in Frankreich trennten, kannten ich ihn nur als Rolf Leder, wiedergesehen habe ich ihn als Stephan Hermlin. Er brachte seine lyrischen Hefte mit, wir luden ihn öfters zu Lesungen seiner Gedichte ein, die manchmal schwer zu verstehen sind.

Am 15. Juli 1946 kam unsere zweite Tochter, Silvia, zur Welt. Im Sommer 1947 holten wir Alice, unsere erste Tochter, aus der Schweiz zu uns nach Frankfurt. Nun war Leben in unserer Bude. Im Juni 1948 kam die Währungsreform. Im Tausch für die nun völlig entwertete Reichsmark bekam jeder 40 DM in die Hand. Am anderen Tag lagen die gehorteten Waren in den Schaufenstern, plötzlich war fast alles wieder da. Doch wir mussten jeden Pfennig zweimal umdrehen. Ettie und ich waren in der Partei hauptamtlich tätig, ich hatte ein Monatsgehalt von 60 DM und musste damit auskommen. Die Besitzer von Sachwerten, vor allem von Produktionsmitteln, gehorteten Waren und Immobilien, waren dagegen fein heraus.

Die separate Währungsreform in den Westzonen war die eigentliche Spaltung Deutschlands. Nach dem Potsdamer Abkommen vom August 1945 sollte Deutschland als politische und wirtschaftliche Einheit erhalten bleiben, die Aufspaltung in vier Besatzungszonen war nur als vorübergehend gedacht. Nun war die Ostzone unter sowjetischer Besatzung gezwungen, eine eigene Währung einzuführen, die »Ost-Mark«, woraus später die DDR-Mark wurde. Das war die vom Westen ausgehende wirtschaftliche Spaltung, auf deren Grundlage dann auch die politische Spaltung erfolgte, die bis 1990 fortbestand.

Potsdamer Abkommen

Ein zentrales Dokument des antifaschistisch-demokratischen Neuanfangs bildet das Potsdamer Abkommen vom Sommer 1945. Die »Großen Drei« (Winston Churchill, später Clement Attlee, Josef Stalin und Harry S. Truman) fixierten darin die Grundsätze für die Behandlung Deutschlands nach der Niederlage des deutschen Faschismus. Im Abkommen wurden z. B. Deutschlands Ostgrenze an Oder und Neiße und die Umsiedlung deutscher Minderheiten festgelegt.

Zu den politischen Grundsätzen gehörten die 4 Ds: Demilitarisierung, Demonopolisierung, Denazifizierung und Demokratisierung.

Deutschland dürfe nie wieder in der Lage sein, einen Krieg zu führen. Zentralismus und Monopolstrukturen, die Ursache für die Machtkonzentration waren, sollten beseitigt werden (Entflechtung). Alle faschistischen Organisationen seien aufzulösen und es sei zu verhindern, dass sie jemals neu gegründet werden könnten. Naziverbrechen und die hierfür Verantwortlichen seien zu verfolgen, demokratische Strukturen und Institutionen aufzubauen. Das Deutsche Reich sei als wirtschaftliche Einheit zu erhalten und habe mit Reparationen die verursachten Kriegsschäden in den überfallenen und okkupierten Staaten zu entschädigen.

Auch wenn der beginnende Ost-West-Konflikt die Umsetzung dieser Forderungen schon frühzeitig behinderte, wurden hiermit doch Grundsätze eines antifaschistischen Neubeginns fixiert.

Zu den Landtagswahlen 1947 kandidierte ich in einem Landkreis. Abend für Abend war ich nun mit Wahlversammlungen in den Dörfern. Die Veranstaltungen waren meist rappelvoll, weil die Bevölkerung neugierig darauf war, was die Kommunisten zu sagen hätten. Es gab immer heftige Auseinandersetzungen, vor allem mit den Menschen, die sich als Vertriebene aus den östlichen Gebieten ansahen und uns vorwarfen, dass wir ihnen ihre Heimat genommen hätten. Ich hatte noch keine große Erfahrung mit öffentlichen Auftritten. Mit Lampenfieber ging ich als Redner in jede Versammlung, bereitete mich gründlich vor, klebte allerdings oft noch zu sehr an meinem Manuskript. Es hat lange gedauert, bis ich lernte, mich vom Papier zu lösen und frei zu sprechen. Ich hatte natürlich keine Chance, in diesem Landkreis für den Landtag gewählt zu werden, doch wir stellten mehr als 15 Abgeordnete im Landtag und mit Oskar Müller sogar den ersten Arbeitsminister in der hessischen Regierung.

Auch bei den ersten Bundestagswahlen 1949, nachdem das Grundgesetz beschlossen war, konnten wir 15 Abgeordneten ins Parlament entsenden. Ich kandidierte in dem schwarzen, streng katholischen

Oskar Müller als Minister

Wie überall in den verschiedenen Besatzungszonen wurden auch im neugeschaffenen Land Hessen alle antifaschistischen Kräfte auf kommunaler wie auf Landesebene in die politische Neugestaltung der Gesellschaft durch die Besatzungsmächte integriert. Bei den neu eingesetzten Landesregierungen und ihren Ministerien achteten anfangs alle Alliierten darauf, dass ausgewiesene Antifaschisten in verantwortliche Ämter kamen.

Als Minister für Arbeit und Wohlfahrt in der ersten hessischen Regierung unter Ministerpräsident Karl Geiler setzten am 15. Oktober 1945 die Amerikaner den Kommunisten Oskar Müller ein. Müller war Widerstandskämpfer und viele Jahre in den KZ Sachsenhausen und Dachau inhaftiert gewesen.

Oskar Müller hatte einen großen Anteil an der Formulierung der Verfassung des Landes Hessen und ihrer sozialpolitischen Ausrichtung. Besonders die Artikel 41 und 42, die die Überführung der Banken, der Energiekonzerne und der Schlüsselindustrie in Gemeineigentum vorsehen, stammen aus Oskar Müllers Feder. Die Verfassung und diese Artikel wurden mit großer Mehrheit am 1. Dezember 1946 in einer Volksabstimmung angenommen.

Müllers Amtszeit endete am 5. Januar 1947, da nunmehr eine »Große Koalition« von SPD und CDU die Regierung stellte. Er genoss jedoch weiterhin großes Ansehen in der Öffentlichkeit. So wurde er im Herbst 1949 für die KPD als Abgeordneter in den Deutschen Bundestag gewählt.

Landkreis Fulda mit dem Bischofssitz. Eine Wahlversammlung in Fulda werde ich nicht vergessen. Die Genossen in Fulda mieteten einen riesigen Prunksaal in einem historischen Gebäude. Er war überfüllt. Es stellte sich heraus, dass Pfarrer und Lehrer alles, was Beine hatte, auch ganze Schulklassen mobilisiert hatten, um zu demonstrieren, dass in dieser Stadt keine kommunistische Versammlung über die Bühne gehen kann. In den ersten beiden Rängen saßen unsere tapferen Genossen, viel mehr hatten wir nicht in Fulda. Ein Glück, dass ich als Bundestagskandidat nicht der einzige Referent war. Mit mir war Emil Carlebach, der ehemalige Buchenwaldhäftling, 1945/46 Lizenzträger der Frankfurter Rundschau und Landtagsabgeordneter, den ich immer wegen seines Wortreichtums und seiner Schlagfertigkeit bewundert, ja beneidet habe. Und außerdem hatten wir, was für diese Versammlung ganz wesentlich war, den Schriftsteller und ehemaligen Spanienkämpfer Ludwig Renn mitgenommen. Als wir die Bühne betraten, empfing uns ein ohrenbetäubendes Gejohle, das nicht aufhörte und sich mehr und mehr steigerte. Unmöglich, sich Gehör zu verschaffen. Da machte Emil Carlebach das einzig Richtige. Er zog aus seiner Tasche eine Zeitung, entfaltete sie und begann zu lesen, ohne ein Wort zu sagen. Da wurde es allmählich still im Saal. In diese Ruhe hinein ergriff er das Wort und stellte Ludwig Renn vor, appellierte an die gute Kinderstube der Besucher, was eben auch bedeute, einem 70-Jährigen mit Anstand zuzuhören. Danach konnte Ludwig Renn ungestört sprechen. Anschließend kamen auch Emil Carlebach und ich zu Wort. Bei uns lief es nicht ganz so ungestört ab, es gab viele Zwischenrufe, doch konnten wir alles, was wir sagen wollten, auch äußern. Zum Verlassen des Saales bot uns die Polizei Schutz an, doch den lehnten wir ab und gingen mit geschwellter Brust durch die Menge.

Die Anfangsjahre der »Vereinigung der Verfolgten des Naziregimes«

Ich gehörte zu den Gründungsmitgliedern, als die »Vereinigung der Verfolgten des Naziregimes« (VVN) 1947 in Frankfurt am Main ins Leben gerufen wurde. Sie war damals für ganz Deutschland die Vereinigung der Verfolgten. In ihr waren viele tausend Überlebende der Verfolgung und des Widerstandes organisiert. Die VVN stellte sich zur Aufgabe, die Überlebenden zu betreuen, ihnen vor allem bei der Durchsetzung ihrer Wiedergutmachungsansprüche zu helfen, Gedächtnisstätten der ehemaligen Konzentrationslager zu errichten und zu erhalten, die Bestrafung der Verantwortlichen für die Verbrechen des Nazireiches einzufordern, die Erinnerung an den Widerstand zu bewahren, die Wachsamkeit zu schärfen gegen alle Erscheinungen des Nazismus, des Rassismus und des Antisemitismus.

Ich erinnere mich an die Eröffnungsrede bei der Gründung, die Hans Mayer hielt. Der Inhalt seiner Rede, wohlgemerkt 1947, war so, als ob er sie für die Gegenwart gesprochen hätte. Sein Thema war: »Der Nazismus ist nicht tot!« Was die VVN seitdem geleistet hat, kann gar nicht hoch genug geschätzt werden. Was wäre ohne ihr Wirken nicht alles in Vergessenheit geraten!

Den Schlussstrich unter die Vergangenheit wollten manche schon 1945 ziehen. Die einstmals ihre Fähigkeiten der SS und dem Führer zur Verfügung gestellt hatten, wurden von der Bundesrepublik buchstäblich an ihre Brust gedrückt. Alles konnten sie hier werden: Dr. Hans Globke, der die juristischen Grundlagen und Kommentare zu den Nürnberger Rassengesetzen verfasst hatte, wurde unter Adenauer Staatssekretär im Bundeskanzleramt. Die einstigen Nazis saßen in der Ministerialbürokratie, in den Führungsetagen der Verwaltung, der Wirtschaft, der Justiz, der Hochschulen, der Medien, bauten das Militär und die Geheimdienste auf. Ich kann mich gut an den Ausspruch des bayerischen Ministerpräsidenten Franz Joseph Strauß in den 60er Jahren erinnern: »Ein Volk, wie das deutsche Volk, das solche wirtschaftlichen Leistungen vollbringt, hat endlich das Recht, nichts mehr von Auschwitz hören zu müssen!« Der Anlass war der erste Auschwitzprozess in Frankfurt von 1963-1965, der fast zwei Jahre dauerte. Damit kam Auschwitz in die Medien, die Öffentlichkeit hörte etwas von Auschwitz. Gegen den Widerstand seiner Kollegen hatte der jüdische Generalstaatsanwalt von Hessen Fritz Bauer diesen Prozess durchgesetzt. Fritz Bauer war von den Nazis verfolgt worden und hatte in der Emigration überlebt. Er besaß eine Liste von bestialischen Folterern, die unbehelligt in guten Stellungen in der Bundesrepublik ein angenehmes Leben führten. Fritz Bauer zog sich den Hass seiner Umgebung zu, als er den Prozess durchsetzte. Er sagte: Wenn ich die Wohnung verlasse, fühle ich mich wie in einem Feindesland. An mehreren Sitzungen nahm ich als Zuhörer teil. Mir lief es kalt über den Rücken, wenn ich die Gleichgültigkeit und die zur Schau gestellte Langeweile der Angeklagten bei den erschütternden Schilderungen von Überlebenden beobachtete. Keine Spur des Mitfühlens und der Reue bei den Angeklagten. Ich erinnere mich, als in der Aktionärsversammlung der IG Farben i. A. ein Auschwitz-Überlebender aufwühlend berichtete, wie er als Arbeitssklave unmenschlich behandelt wurde, dass eine Frau ihn anschrie: »Ich kann es nicht mehr hören, ich höre es seit 1945!« Sie hatte 1945 bereits ihren Schlussstrich gezogen. Ähnlich wie auch dieser Auschwitzprozess zustande gekommen war, sind deutsche Kriegsverbrecher meist erst unter ausländischem Druck vor Gericht gekommen, woran das Ehepaar Beate und Serge Klarsfeld in Paris großen Anteil hatte. Die Prozesse endeten meist mit einem Urteil, das einer Verhöhnung der Opfer gleichkam. Ich habe an manchen anderen Prozessen teilgenommen oder die Berichte darüber gelesen. Niemals zeigten die Angeklagten auch nur die geringste Spur von Reue oder Mitgefühl mit den Zeugen, die ihr Leiden schilderten.

Eine Ausnahme möchte ich nennen: Ende der 70er Jahre fand in Köln gegen Lischka, Heinrichsohn und Hagen ein Prozess statt, der ebenfalls dem Ehepaar Klarsfeld zu verdanken war. Die Angeklagten waren die ehemalige Spitze der Gestapo in Paris, in deren Händen auch ich gewesen war und die mich hatten foltern lassen. Ich war Nebenkläger in diesem Prozess. Die Angeklagten waren bis zu diesem Zeitpunkt in gut bezahlten Stellen, Heinrichsohn war sogar Bürgermeister einer kleinen Stadt in Bayern. Sie verteidigten sich als unschuldig, da sie ja die »Befehle von Oben« ausführen mussten, um sich nicht selbst in Lebensgefahr zu begeben. Der Zuhörerraum war stets gefüllt mit den aus Paris angereisten Angehörigen, Nachkommen der von Drancy aus in die Gaskammern Verschleppten. An einem Prozesstag drehte sich der angeklagte Hagen, der als der ideologische Chef der Gestapo galt, zu den jüdischen Menschen im Zuhörerraum um und sagte: »Ich entschuldige mich.« Das erlebte ich zum ersten Mal.

Die Verbrechen in der Nazizeit aufzudecken und zu dokumentieren, auch das Desinteresse der westdeutschen Justiz anzuprangern, die Verantwortlichen für die Verbrechen vor Gericht zu bringen, das alles war

Aufgabe der VVN. Und ohne sie und ohne ihre Erinnerungsarbeit mit den Überlebenden als Zeitzeugen wäre alles untergegangen, alles in Vergessenheit geraten. Darum war die VVN auch unbequem, sollte durch ein Verbot aus dem Wege geräumt werden. So fand Anfang der 60er Jahre tatsächlich vor dem obersten Verwaltungsgericht in Westberlin ein Verbotsprozess statt, mit der Begründung, die VVN sei kommunistisch gesteuert. Tatsächlich waren im Vorstand und in der Mitgliedschaft zahlreiche Kommunisten, was sich dadurch erklärt, dass eben die Kommunisten den zahlenmäßig größten Widerstand geleistet und die meisten Opfer hatten. Nach bisheriger Forschung kam der Widerstand zu 78 Prozent aus den Reihen der Kommunisten, 17 Prozent waren Sozialdemokraten, der Rest kam aus bürgerlichen Kreisen. Das ergibt sich aus den Akten der Gestapo und der Gerichte, in denen ja immer auch die Parteizugehörigkeit ausgewiesen wurde. Gegründet wurde die VVN jedoch überparteilich u. a. von dem Vorsitzenden der jüdischen Gemeinde in Berlin und späteren Präsidenten bzw. Vorsitzenden des Zentralrats der Juden in Deutschland, Heinz Galinski, und dem Katholiken Eugen Kogon, Mitglied der hessischen CDU, die uns aber leider schon früh wieder verließen.

Der Verbotsprozess platzte jedoch mit einem Eklat, als August Baumgarte, ein Überlebender des KZ Sachsenhausen, den Vorsitzenden des Gerichts als ehemaligen NS-Richter entlarvte.

Der »Kalte Krieg« – Erfahrungen in der BRD

Mit voller Wucht traf uns die Wende zum »Kalten Krieg«. Von Winston Churchill, dem ehemaligen englischen Premierminister, ist der Ausspruch überliefert, man habe in Gestalt von Nazideutschland das falsche Schwein geschlachtet. Für die westlichen Alliierten wurde die Sowjetunion, der ehemalige Verbündete, zum Feind, der ehemalige Feind zum Verbündeten, und sie taten alles, um die westdeutsche Bevölkerung für einen Krieg gegen den Osten zu gewinnen. Sie sollte sich allmählich mit den Gedanken einer Remilitarisierung anfreunden. Zunächst hatten die kämpfenden Soldaten und Offiziere der Alliierten bei der Befreiung Antifaschisten gesucht und sie in wichtige Stellungen gebracht. So ernannten sie z. B. den Kommunisten Emil Carlebach zum Lizenzträger der Frankfurter Rundschau. Sie brachten Kommunisten in Verwaltungen, setzten sie als Landräte ein und in Frankfurt am Main war zeitweilig ein Kommunist führend im Polizeipräsidium. Sie wurden alle wieder aus ihren Funktionen entfernt, als mit der Wende zum »Kalten Krieg« die amerikanischen Soldaten und Offiziere der kämpfenden Truppe durch die Administration aus den USA ersetzt wurden. Im Westen wurde alles wieder hochgeschwemmt, was das Hitlerregime in den Köpfen der Bevölkerung tief verankert hatte, und das war insbesondere auch der Antikommunismus. Unter Hitler war der Antikommunismus untrennbar mit dem Antisemitismus verbunden; die eigentliche ideologische Grundlage seines Krieges war der Kampf gegen eine »jüdisch-bolschewistische Weltverschwörung«, den »Judäo-Marxismus«.

Offiziell, vielleicht auch aufrichtig, wurde der Antisemitismus nach 1945 auch in Westdeutschland verabscheut; »was den Juden geschehen ist, das hätte nicht passieren dürfen«. Aber der Antikommunismus galt weiter und wurde auf eine erschreckende Weise gesteigert, was meine Partei in völlige Isolierung brachte. Unsere Abgeordneten flogen aus dem Bundestag, bei späteren Wahlen für den Landtag oder den Bundestag konnten wir nie mehr die 5-Prozent-Hürde überspringen. Insbesondere die Millionen Menschen, die im Osten ihre Heimat verloren hatten, sahen sich als Vertriebene der dortigen kommunistischen Regime. Sie wollten nicht wahrhaben, dass ihr Schicksal das Ergebnis der Nazipolitik war und auf Entscheidungen der alliierten Siegermächte beruhte, die diese auf der Potsdamer Konferenz von 1945 getroffen hatten. Zudem kehrten Millionen deutscher Kriegsgefangener aus der Sowjetunion zurück. Wie oft hörte ich von ihnen: »Wir haben euer Sowjetparadies kennen gelernt«. Als Referent bei unseren immer noch gut besuchten Versammlungen traf ich oft auf Menschen, die sich mit uns provozierend auseinander setzen wollten. Da zeigten mir manche ihre Wasserbeine, die sie sich angeblich erst in der Kriegsgefangenschaft geholt hatten, verrieten aber nicht, in welchem Zustand sie in die Gefangenschaft geraten waren. Sie verstummten meist auf meine Frage, wieso sie in die Sowjetunion gekommen waren, ob sie als Gäste eingeladen waren?

Und dann entwickelte sich natürlich ein starkes wirtschaftliches Gefälle zwischen den beiden Teilen Deutschlands. Im Westen gab es das so genannte Wirtschaftswunder, die Milliarden, die die USA hier investierten, die vollen Läden, das riesige Angebot und auch die hohe Zahl der Beschäftigten. Kein Vergleich mit der Ostzone, deren Bevölkerung die ganze Last der Reparationszahlungen an die Sowjetunion leisten musste. Ganze Industrieanlagen, Eisenbahnschienen u. a. wurden für den Wiederaufbau der Sowjetunion dorthin verlagert. Während im Westen alles in Hülle und Fülle vorhanden war, mussten sie drüben tatsächlich nach Kartoffeln oder einem Hering Schlange stehen. Das bekam ich oft um die Ohren geschlagen: »Diesen, euren Sozialismus wollen wir nicht«.

Vor diesem Hintergrund war es kein Wunder, dass die Adenauer-Regierung, als sie bereits 1951 den Antrag auf Verbot der KPD stellte, sich sicher sein konnte, dass es in der Bevölkerung keinen großen Protest dagegen geben würde. Obwohl wir uns bereits in der Isolierung befanden, gab es für die Adenauer-Regierung dennoch einen wichtigen Grund, die KPD zu verbieten: Sie war eine aktive politische Kraft gegen Remilitarisierung, Wiederaufrüstung und Wiedereinführung der Wehrpflicht. Und dagegen gab es breite Massenproteste. Noch war die Erinnerung an die entsetzliche Kriegszeit, an die Bombennächte wach, so dass der politische Zeitplan für die Wiederaufrüstung über den Haufen geworfen wurde. Es entstand außerdem eine Weltbewegung gegen die atomare Aufrüstung in Erinnerung an Hiroshima und Nagasaki. Das war der berühmte Appell von Stockholm. Auch hier in Westdeutschland wurden Millionen Unterschriften gesammelt. Ettie war eine leidenschaftliche Unterschriftensammlerin. Sie erhielt vom Friedenskomitee der Bundesrepublik eine hohe Auszeichnung als beste Unterschriftensammlerin.

Eine Remilitarisierung würde aber auch die endgültige Spaltung Deutschlands bedeuten. Und gegen diese Spaltung hatte sich ein breites »Ausschuß für die Einheit Deutschland« gebildet. Persönlichkeiten aus unterschiedlichen politischen Richtungen organisierten eine Kampagne für eine Volksbefragung für die Wiederherstellung der Einheit Deutschlands. Präsident war der ehemalige Magistratsoberrat der Stadt Frankfurt am Main, Dr. Julius Hahn. Er wurde wegen seines Eintretens für die Einheit Deutschlands fristlos entlassen und kam ein Jahr ins Gefängnis. So wie er wurden viele polizeilich verfolgt, die diese als kommunistisch und verfassungsfeindlich diffamierte Kampagne unterstützten. Dennoch liefen viele Friedenskämpfer mit Listen für die Volksbefragung über das Land. Wo immer sie konnte, beschlagnahmte die Polizei die Unterschriftenlisten. Die Betroffenen verlangten von der Polizei eine schriftliche Bestätigung. Das hatte den Vorteil, dass wir auf diese Weise eine amtliche Bestätigung der Anzahl der gesammelten Unterschriften in den Händen hatten.

Fast das ganze Jahr 1956 brachte ich in Karlsruhe zu, als beim Verfassungsgericht der Verbotsprozess gegen die KPD lief. Mit zahlreichen Dokumenten und allen möglichen Unterlagen versuchten wir, die Anwälte zu unterstützen, die die KPD verteidigten. Dort lernte ich den Anwalt Friedrich Karl Kaul kennen, der mir später noch einmal begegnete, als ich als Nebenkläger im Kriegsverbrecherprozess gegen Kurt Lischka in Köln Ende der 70er Jahre auftreten konnte. Lischka war Chef des SD und der Gestapo in Paris und verantwortlich für die Deportation der französischen Juden. Er handelte nach dem Motto: »Der Jud kann sich drehen, wie er will, Hauptsache er wird verbrannt.«.

Wieder Illegalität

Im KPD-Verbotsprozess gab es nicht den kleinsten, winzigsten Nachweis eines wirklich verfassungswidrigen Verhaltens der KPD, alles stützte sich nur auf politische Interpretationen und Hypothesen. Dennoch konnten wir uns im Prozess drehen, wie wir wollten, das Verbotsurteil stand lange vor dem Prozess fest. Am 17. August 1956 wurde es verkündet und wenige Tage darauf die Wehrpflicht eingeführt.

Der schon von mir geschilderte blindwütige Antikommunismus hatte uns derartig isoliert, dass es über das KPD-Verbot in der Öffentlichkeit kaum Aufregung gab. Tags darauf erlebten wir in unserer Wohnung die erste Hausdurchsuchung. Ein Polizist fragte mich, als er an der Wand das Porträt von Karl Marx sah, ob das mein Großvater sei. Zufällig waren meine Eltern aus Paris während der Hausdurchsuchung zu Besuch bei uns. Mein Vater sagte zu den Polizisten, das habe er auch schon 1933 erlebt.

Aber wir in der KPD waren schon auf die Illegalität vorbereitet, hatten rechtzeitig Strukturen aufgebaut, so dass ich unmittelbar nach dem Verbot in Bremen, wo mein Gesicht in der Öffentlichkeit nicht so bekannt war, für die illegale Arbeit eingesetzt wurde. Viele Monate blieb ich dort. Ich sah mich zwar beobachtet, blieb aber unbehelligt. Wir wussten von Anfang an, dass diese Illegalität nicht die der Nazizeit sein würde. Zwar hatten wir mit Verhaftungen, Gefängnisstrafen,

Existenzverlust zu rechnen, aber nicht mit Folter und Todesurteilen. Später wurde ich in Nordrhein-Westfalen eingesetzt, mein Hauptsitz war in Dortmund. Um mich freier bewegen und auch mal nach Hause zu meiner Familie kommen zu können, war ich sehr gut getarnt, indem ich die Vertretung einer französischen Schallplattenfirma übernahm. Als Lehrling hatte ich für diese Arbeit einige Erfahrungen gesammelt; nun besuchte ich die großen Musikgeschäfte in der ganzen Bundesrepublik. Das sicherte mir auch eine finanzielle Grundlage. Wie oft, wenn ich mich am frühen Morgen mit meinem Wagen auf den Weg machte, war der Verfassungsschutz manchmal sogar mit zwei Wagen hinter mir her. Ich ließ sie stundenlang vor den Musikgeschäften stehen, denn die Aufnahme von Bestellungen dauerte oft Stunden. Ich bin zwar ununterbrochen beobachtet worden, trotzdem hatte ich meine illegalen Treffs, meine illegalen Sitzungen. Später war wieder Frankfurt am Main das Gebiet meiner politischen Arbeit. Gegenüber meiner Wohnung wohnte im Parterre ein Rentner. Mir fiel auf, dass ständig der Rollladen heruntergelassen war, aber ein Spalt offen blieb. Ich sah ihn öfter, wie er mit einem Kuvert zum Briefkasten ging, ohne dass ich mir dabei etwas dachte. Eines Tages bekamen wir Besuch von einer Frau, die mit der Familie des Rentners befreundet war. Sie sagte uns im Vertrauen, aber voll Empörung: Dieser Mann beobachtet durch das Fenster alle Bewegungen in eurem Haus, welche Wagen vorfahren, beschreibt die Personen, die ins Haus kommen, schreibt alles regelmäßig auf und adressiert es an eine Tarnadresse des Verfassungsschutzes.

Offenbar erwarb er sich so ein kleines Zubrot. Ich habe es ihm gegönnt.

Bittere Erfahrungen

Zur Zeit des KPD-Verbotes erhielt unsere ganze Familie im August 1956 eine Vorladung auf das Polizeirevier. Wir sollten unsere Pässe als deutsche Staatsbürger mitbringen. Nichts ahnend wanderten wir dorthin. Unsere Pässe wurden eingezogen, und man erklärte uns, wir

Familie Gingold 1962 auf dem Ostermarsch in Hessen

würden neue Pässe als »Staatenlose« erhalten. Unsere Proteste halfen nichts, es lag eine Anweisung vom Polizeipräsidium vor. Nun waren wir plötzlich staatenlos und fühlten uns wie Freiwild. Als Staatenlose kämen wir über keine Grenze. Nun hatten wir den Status wie jeder Ausländer, waren nur geduldet. Mit allen Ausländern mussten wir dann jährlich beim Polizeiamt Schlange stehen, um für die beschränkte Aufenthaltserlaubnis eine Verlängerung zu bekommen. Nach dem deutschen Staatsangehörigkeitsrecht, das aus der Kaiserzeit stammte, war es vielleicht sogar rechtens. Im Unterschied zu vielen anderen Ländern besitzen Kinder nach diesem Recht, auch wenn sie hier in Deutschland geboren sind und leben, die alte Staatsangehörigkeit der Eltern. Und das bleibt so über die Generationen hinweg. Die Kinder von Türken, selbst die der zweiten und dritten Generation, bleiben immer Türken, d. h. sie bleiben Ausländer, wenn sich keiner ihrer Vorfahren eingebürgert hat.

Meine Eltern waren vor dem Ersten Weltkrieg aus Polen eingewandert. Wir Kinder waren hier geboren, sprachen kein Wort Polnisch und haben uns immer als Deutsche gefühlt. Mit meiner Frau standen wir mit Deutschen im Widerstand. Als wir zurückkamen, haben wir uns einfach bei der Meldestelle als zurückgekehrte

Deutsche gemeldet und anstandslos die deutschen Ausweise erhalten. Irgendein Beamter muss in den 50er Jahren, vielleicht, weil wir als engagierte Antifaschisten und Kommunisten auffällig geworden waren, mit Akribie in den Akten unserer Familie und Vorfahren geforscht und dabei festgestellt haben, dass es kein Einbürgerungsverfahren gegeben hatte.

Für Silvia, unsere jüngste Tochter, waren die Folgen dieser Ausbürgerung besonders unangenehm. Sie wäre, als sie ihr Staatsexamen als Lehrerin anstrebte, als Ausländerin nicht zugelassen worden. Es blieb uns also nichts anderes übrig, als unsere Einbürgerung zu beantragen. Es dauerte Jahre, bis wir einen Bescheid erhielten. Die unteren Instanzen befürworteten den Antrag, ebenso der Regierungspräsident von Darmstadt und die Hessische Landesregierung, bis das Verfahren beim damaligen Bundesinnenminister Genscher lag. Der lehnte den Antrag mit der Begründung ab, es sei erwiesen, dass unser Verhalten in der Vergangenheit und in der Gegenwart sich gegen die freiheitlich-demokratische Ordnung richte. Bis dahin hatten wir in der Öffentlichkeit nie über unsere Vergangenheit gesprochen, nie davon ein besonderes Aufhebens gemacht. Aber über dieses Urteil waren wir empört. Gustav Heinemann, ein engagierter Pazifist, war damals Bundespräsident, Willy Brandt Außenminister. Referent von Heinemann war Günther Markscheffel von der SPD. Wir kannten uns aus der Résistance. Ich berief mich auf ihn als Zeugen, als ich mich entrüstet in unserer Angelegenheit an den Bundespräsidenten wandte. Ebenso an Willy Brandt, der sich aus der Zeit der Emigration an mich erinnern konnte. »Der Spiegel« brachte 1972 einen seitenlangen Artikel, worin beschrieben wurde, wie lange das Einbürgerungsverfahren bereits lief, mit der Überschrift: »Weil er sich als Kommunist bekennt, wird dem durch unglückliche Umstände staatenlosen Peter Gingold vom Bundesinnenminister Genscher die Einbürgerung verweigert.« Die »Frankfurter Rundschau« veröffentlichte einen ganzseitigen Artikel mit der Überschrift: »In Frankreich bekam er hohe Orden, in Deutschland darf er kein Deutscher sein«. Freunde aus Holland brachten die Wende. Sie sandten mir Unterlagen über sieben Holländer zu, die als Freiwillige in der SS an Kriegsverbrechen teilgenommen hatten, daher in Holland zum Tode verurteilt, dann begnadigt wurden und im Zuchthaus Breda lebenslänglich einsaßen. Den Verurteilten gelang Ende der 50er/Anfang der 60er Jahre die Flucht in die Bundesrepublik. Der Bundestagsabgeordnete der FDP, Graf Lambsdorff, sicherte ihnen in Aachen den Aufenthalt in Deutschland. Als die holländische Regierung die Auslieferung nach Holland forderte, erhielten die sieben Holländer unverzüglich die deutsche Staatsbürgerschaft, damit sie nicht ausgeliefert werden konnten. Auf diese empörende Tatsache beriefen wir uns. Hätten meine Frau und ich damals mit der SS gekämpft, uns an Kriegsverbrechen beteiligt, wären wir würdig, Deutsche zu werden. Viele Zeitungen, auch »Der Spiegel«, brachten diese Argumentation mit bitteren Kommentaren. Erst durch ein Urteil des Frankfurter Verwaltungsgerichts Anfang der 70er Jahre erlangte meine Familie die deutsche Staatsbürgerschaft.

Verfolgung in der dritten Generation

Eigentlich herrschte Ende der 60er / Anfang der 70er Jahre eine politische Aufbruchstimmung: Es gab die Studentenbewegung, die Massenproteste gegen den Vietnamkrieg, die zunehmende Anerkennung der DDR und die Neukonstituierung der DKP, die auch an den Hochschulen große Resonanz fand. Doch dieser Aufbruch ängstigte die Regierenden. Schon die Losung vom »Marsch durch die Institutionen« erschreckte sie. Es war schließlich die zukünftige Elite der deutschen Nation, die rebellierte, alles umwälzen wollte. Die Reaktion war der Radikalenerlass 1972 auf Initiative des damaligen Bundeskanzlers Willy Brandt. Das bedeutete, dass Bewerber für den öffentlichen Dienst keine Chance auf Einstellung hatten, wenn der Verdacht vorlag, dass sie »nicht die Gewähr bieten, für die freiheitlich-demokratische Grundordnung einzutreten«. Es entstand ein Schnüffelsystem durch den Verfassungsschutz. Selbst Angehörige des öffentlichen Dienstes, gegen die – z. B. wegen ihrer Mitgliedschaft in der DKP oder ihres Engagements in der Friedensbewegung – ein »begründeter Verdacht« bestand, mussten darauf gefasst sein, dass sie als

»Verfassungsfeinde« eingestuft wurden und Berufsverbot erhielten. Zehntausende wurden überprüft, Hunderte erhielten Berufsverbote; selbst Postbeamte, Briefträger, Lokomotivführer. Dagegen entwickelte sich eine große öffentliche Empörung. Es entstand eine Solidaritätsbewegung für die Betroffenen, es bildeten sich Komitees zu ihrer Verteidigung. Einer der europaweit bekanntesten Fälle wurde der meiner Tochter Silvia.

Meine Tochter, die bereits als Referendarin im Schuldienst als Beamtin in der Anwartschaft arbeitete, wurde fristlos entlassen. Man hielt ihr bei der Anhörung eine ganze Liste von »Sünden« vor, die der Verfassungsschutz seit ihrem vierzehnten Lebensjahr gesammelt hatte. Es war aufgelistet, wo sie überall an linken Versammlungen teilgenommen habe, dass sie eine sozialistische Jugendorganisation mitbegründet habe und bei den Ostermärschen, Demonstrationen gegen den Vietnamkrieg usw. gesehen wurde.

Anhand unserer Familiengeschichte konnten wir die Verfolgung an drei Generationen nachweisen: Die meiner Eltern in der Kaiserzeit und Weimarer Republik, die meiner Familie im faschistischen Deutschland, jetzt nun die meiner Tochter als »Verfassungsfeindin«. Bezeichnend ist die Kontinuität in der deutschen Geschichte. Linke waren in der Kaiserzeit die »vaterlandslosen Gesellen«, in der Weimarer Republik »Reichsfeinde« und in der Bundesrepublik »Verfassungsfeinde«. Klagen gegen die Berufsverbote wurden eingereicht. Das unterste Verwaltungsgericht hob im Falle meiner Tochter das Berufsverbot auf, die hessische Regierung erhob Einspruch. Der hessische Kultusminister namens Krollmann von der SPD lud meine Tochter zu sich. Sie fragte ihn: Was werfen Sie mir eigentlich vor, wo und wie habe ich in Wort und Tat gegen die Verfassung verstoßen in meiner gesamten Tätigkeit als Lehrerin? Er antwortete sinngemäß: Das ist mein Problem, dass ich Ihnen nichts vorwerfen kann, ich weiß, dass sie eine vorzügliche Lehrerin sind. Es ist nur Ihre Mitgliedschaft in der DKP, da könnten Sie sich in Zukunft verfassungsfeindlich verhalten.

Dasselbe hörte meine Tochter vor dem obersten Verwaltungsgericht in Kassel mit der gleichen Begründung, warum sie als

»Verfassungsfeindin« nicht in den Schuldienst dürfe. Wörtlich der Richter: »Wenn ihr auch nichts Verfassungsfeindliches vorgeworfen werden kann, aber in der Prognose wegen ihrer Mitgliedschaft in der DKP würde sie sich verfassungsfeindlich betätigen«. Dem entgegnete ihr Anwalt: »Dem zufolge müsste jeder, der eine Schwiegermutter hat, wegen Totschlag oder Mord verurteilt werden, denn wer in der Prognose würde nicht gern seine Schwiegermutter ermorden wollen.«

Die Solidaritätsbewegung gab unserer Tochter viel Kraft, gegen das Berufsverbot zu kämpfen. Und auch, dass wir ihr immer wieder sagten: Ach hätten wir damals in der Nazizeit nichts anderes zu befürchten gehabt als Berufsverbote!

In Dijon fand um diese Zeit ein Kongress der Sozialisten statt, deren Vorsitzender damals François Mitterand war, der spätere Präsident der französischen Republik. Meine Dijoner Kameraden, die am Kongress teilnahmen, informierten Mitterand über den Fall meiner Tochter. »Hier kämpfte in der Résistance ein Deutscher, hier

Demonstration gegen das Berufsverbot für Tochter Silvia 1977 in Kassel

ist er gefoltert worden, seine Tochter hat Berufsverbot nur wegen ihrer Mitgliedschaft in der kommunistischen Partei.«

Dies empörte Mitterand derartig, dass er bereits auf diesem Kongress zu einem Komitee zur Verteidigung der Bürgerrechte in der Bundesrepublik aufrief. Ein Solidaritätsschreiben richtete er an meine Tochter und an uns. Das war natürlich dem Vorsitzenden der Sozialdemokratischen Partei, Willy Brandt, äußerst peinlich. Offenbar hatte Brandt endlich verstanden, was er mit dem von ihm veranlassten Radikalenerlass angerichtet hatte, wie widersinnig es war, dass die Tochter aus einer antifaschistischen Familie nicht besonders befähigt sein sollte, in der Schule Geschichte zu unterrichten. Das hatte ihn auch veranlasst, kurz darauf zu erklären, dass sein Erlass ein »Irrtum« war. Der bekannte französische Politologe Alfred Grosser, der als Junge wegen seiner jüdischen Herkunft 1933 auch emigriert war, sollte in dieser Zeit in der Paulskirche den Friedenspreis des deutschen Buchhandels erhalten. Der spätere Chefredakteur des »Spiegels«, Stefan Aust, holte sich bei uns die Unterlagen über den Berufsverbotsfall meiner Tochter und brachte sie rechtzeitig vorher nach Paris zu Alfred Grosser. Dieser veranlasste, dass meine Familie in die Paulskirche eingeladen wurde. In seiner Dankesrede hob Alfred Grosser hervor, was die Köpfe der anwesenden Honoratioren rot werden ließ: »Kein Franzose kann verstehen, warum eine junge Frau nicht Lehrerin sein darf, nur weil sie Kommunistin ist. Die Kommunisten waren in der Résistance die zuverlässigsten Kameraden.« Meiner Tochter wurde daraufhin eine Stelle im Schuldienst, wenn auch nur im Angestelltenverhältnis, angeboten, sie war also damit vom Berufsverbot befreit. Die Aufhebung des Berufsverbots für meine Tochter war sozusagen ein Pilotfall, der dann vielen anderen Berufsverbotsopfern zugute kam, bis allmählich nach vielen Jahren die Berufsverbote vom Tisch waren.

Politisches Handeln bis heute

Als Kommunist und Antifaschist war ich in den vergangenen Jahrzehnten auf ganz unterschiedlichen Feldern aktiv. Es ist unmöglich, diese Erfahrungen und Erlebnisse vollständig zu beschreiben.

Ich will daher im Folgenden exemplarisch nur einige Ereignisse schildern, die für mich von besonderer Bedeutung waren, die aber auch den Lesern Hinweise geben können, was für heute und morgen wichtig ist.

Eine unvergessliche Reise

Zu den für mich bewegenden Ereignissen Ende der 60er Jahre gehört die Einladung deutscher Kommunisten nach Hanoi während des Vietnamkrieges. Die Reise, an der ich teilnehmen konnte, war ziemlich abenteuerlich und ging über Moskau und Peking. Dort hielten wir uns mehrere Tage auf, weil es ungewiss war, wie wir weiter nach Hanoi reisen würden. Ich gehöre zu den Bewunderern der chinesischen Revolution und von Mao. Aber hinter uns lag die berühmte Geheimrede von Chruschtschow 1956, die den Personenkult und die Verbrechen unter Stalin entlarvt hatte, so dass uns die schrecklichen Ausmaße des Personenkults um Mao abstießen. Zu den politischen Enttäuschungen, die mich am meisten erschütterten, gehört die Entzweiung der Sowjetunion mit China. Die beiden Mächte zusammengenommen, mit mehr als einer Milliarde Menschen, das war für uns die unbesiegbare Zukunft der Menschheit im Sozialismus. Jetzt erfuhr

ich in Peking, dass wir als deutsche Kommunisten wegen unserer pro-
sowjetischen Haltung wie Feinde behandelt wurden. Unsere Foto-
apparate wurden beschlagnahmt, nur mit Ach und Krach und mit
Hilfe des vietnamesischen Botschafters in Peking bekamen wir Plätze
in einem kleinen Flugzeug nach Hanoi. Umso rührender war für uns
der Empfang bei der Landung. Wir führten ausführliche Gespräche,
tauschten unsere politischen Einschätzungen aus, besuchten Nord-
vietnam, vor allem Haiphong, den fast völlig zerstörten Hafen, erlebten öfters Luftalarm und mussten dann meist in Ein-Mann-Bunker
schlüpfen.

Im Mittelpunkt unserer Gespräche stand natürlich die organisierte
Solidarität. Wir bemühten uns herauszufinden, was wir noch tun
könnten, was der dringendste Bedarf war. Der Höhepunkt war der
Besuch von Ho Chi Minh, der zu uns kam, angezogen wie ein ein-
facher Bauer mit Sandalen an den Füßen. Als erstes fragte er uns,
ob wir mit echten oder falschen Pässen gekommen seien, er sei in
Europa immer nur mit falschem Pass als Chinese gereist, denn für den
Europäer sähen die Asiaten alle gleich aus.

Er gab uns einen Einblick in die Kriegssituation, in die Perspektive
seines Landes in der Nachkriegszeit. Seine Ausführungen waren
oft geschmückt mit
witzigen Bemerkungen.
Die Vietnamesen nennen
ihn zärtlich Onkel Ho. Er
erzählte uns, dass er bei
seinem Besuch in der DDR
seinen Namen mit riesigen
Buchstaben über vielen Geschäften gelesen hatte. Er
war verärgert über den mit
ihm betriebenen Personen-
kult, bis ihm klar gemacht
wurde, dass HO die Ab-
kürzung für »Handels-
organisation« war.

Peter bei Ho Chi Minh in Vietnam

Wir konnten das Tet-Fest, das Neujahrsfest, das Anfang Februar begangen wird, miterleben und gewannen so auch einen Eindruck vom kulturellen Leben. Und alles war von ständigem Bombenalarm begleitet. Wo immer wir uns bewegten, immer folgte uns liebevoll ein Schwarm von zierlichen, anmutigen Menschen. Und Kinder, Kinder, Massen von Kindern, ja fast ein Meer von Kindern – sie riefen uns etwas zu, das wir uns übersetzen ließen: »Russen, Russen«. Alle Weißen waren für sie Russen. Ach, wie lieb habe ich dieses Land mit seinen Menschen gewonnen! Auch wenn sein tropisches Klima für uns schwer zu ertragen war. Unsere Hemden waren immer nass und wir mussten unter Moskitonetzen schlafen.

Später habe ich immer wieder davon geträumt, noch einmal Vietnam zu besuchen.

Israel und Auschwitz

1978 war ich zum ersten Mal in Israel, als ich für die DKP als Gast am Parteitag der KP Israels teilnehmen konnte. Mich betreute der Journalist Hans Lebrecht, mit dem mich bald eine enge Freundschaft verband. Durch ihn gewann ich in den wenigen Tagen meines Aufenthalts eine vielseitige Einsicht in die Kompliziertheit des dortigen Lebens, vor allem was das Verhältnis Araber und Juden in Israel sowie Israel und Palästina betrifft. Die KPI hatte einen jüdischen Vorsitzenden Meir Vilner und einen arabischen stellvertretenden Vorsitzenden Tawfik Toubi, die Delegierten des Parteitages waren Juden und Araber. Für mich war es natürlich selbstverständlich, dass die KPI demonstrierte: Sie können zusammen leben, Juden und Araber, zwischen ihnen kann eine gefestigte Freundschaft sein. Mich faszinierte dieses Land, das Sprudelnde, Quellende in den Straßen von Haifa, Tel Aviv, Jerusalem, diese einzigartige, unbeschreiblich traumhafte Stadt, mit keiner in der ganzen Welt vergleichbar. Einige Tage wohnte ich bei Etties Zwillingsschwester in Tel Aviv, sie und auch andere Verwandte verschafften mir Einblicke in das dortige Leben.

Hans Lebrecht machte mich bei dieser Reise auf seine in Hamburg lebende Schwägerin Esther Bejarano aufmerksam, bat mich, sie aufzusuchen und sie, die politisch sehr interessiert sei, in die antifaschistische Bewegung einzubeziehen. Kurz darauf war ich bei ihr und ihrem Mann, Nissim, den sie in Israel geheiratet hatte. Sie ist eine Überlebende von Auschwitz, gehörte dort dem »Mädchenorchester« an, gelangte später ins KZ Ravensbrück, wurde von dort 1945 auf einen Todesmarsch geschickt, von dem sie fliehen konnte. Musikalisch hoch begabt, gründete sie die Musikgruppe »Coincidence«, die vor allem jüdische und antifaschistische Lieder im Repertoire hat, und ist bis heute als Sängerin in der gesamten Bundesrepublik berühmt. Zwischen uns entstand eine unzertrennliche Freundschaft, als ich mit ihr das »Auschwitzkomitee in der Bundesrepublik« gründete, dessen Vorsitzende sie bis in die Gegenwart ist.

Gegen Ende der 70er Jahre war ich zum Mitglied des Internationalen Auschwitzkomitees berufen worden. In der Regel tagte es in der Gedenkstätte Auschwitz. So war ich oft in Auschwitz und damit auch auf den Spuren meiner Schwester und meines Bruders. Ich konnte nicht umhin, jedes Mal vor den Trümmern des Krematoriums und der Gaskammer zu verharren. Da sah ich vor meinen geistigen Augen immer wieder den unendlichen Zug von Frauen, Männern, Alten, Kindern auf dem Weg in die Vernichtung. Jeder Einzelne ein Mensch mit seinen Hoffnungen, seinem Lebensplan, seiner Sehnsucht nach Liebe. Darunter meine Schwester Dora, mein Bruder Leo. Es ist eine Bürde, die ich niemals loswerde, denn Leo ist – wie ich schon beschrieben habe – an meiner Stelle in das Vernichtungslager gekommen, vor dem ich durch ihn bewahrt worden bin.

Friedenskampf in den achtziger Jahren

Anfang der 80er Jahre wurde die öffentliche Diskussion in der Bundesrepublik durch den Kampf gegen Cruise Missiles und Pershing II bestimmt! Diese atomaren Erstschlagwaffen wollten die USA in unserem Land stationieren. Eine teuflische Perspektive. Im Ernstfall käme der atomare Gegenschlag. In einer Sekunde wären die beiden

deutschen Staaten, fast ganz
Europa ausgelöscht. Auschwitz
wäre im Vergleich damit ein
kleiner Dorfkirchfriedhof.

Oft wiederholte ich dieses
Bild in meinen Reden bei den
Protestkundgebungen gegen
diese Bedrohung. Allmählich
war ein großer Teil der Bevölkerung von Entsetzen ergriffen, wenn sie sich vorstellte,
was auf sie zukommen könnte.
Riesige Demonstrationen, mehrere kilometerlange Ketten von
Demonstranten, der »Krefelder
Appell«, eine Unterschriften-
sammlung gegen die Bedro-
hung von ungeahntem Umfang.
Über vier Millionen Menschen

*Ettie sammelt Unterschriften für den
»Krefelder Appell« (1982)*

unterzeichneten diesen Appell. Es war eine der größten Friedens-
bewegungen in der Nachkriegszeit. Meine Frau Ettie war Tag für Tag
mit ihrem Umhängeschild unterwegs, auf dem man die Liste mit dem
Appell unterschreiben konnte. Überall, wo Menschen zusammenkamen, in den Fußgängerzonen, auf den Wochenmärkten, Weihnachts-
markt oder Flohmarkt, stand sie mit ihrer Unterschriftenliste. Im Laufe
von mehreren Monaten hatte sie ganz allein 12.500 Unterschriften gesammelt. Man muss sich vorstellen, was das bedeutete. Denn mit jedem
Einzelnen musste sie ja diskutieren, nicht jeder unterschrieb sofort
und manche unterschrieben nicht. Sie hat also fast zwanzigtausend
Menschen angesprochen. Ich selber habe, ich gestehe es, in der gleichen
Zeit vielleicht 400 Unterschriften gesammelt. Abend für Abend zählte
Ettie, was sie an diesem Tag erreicht hat, – auch auf meine »Kosten«,
denn es war kein Abendessen vorbereitet.

Im Herbst 1983 wurde sie gebeten, am 22. Oktober 1983 eine der
Rednerinnen auf der großen Friedenskundgebung im Bonner Hof-

garten zu sein. Niemand aus unserer politischen Richtung hatte zuvor eine Chance, als Redner zu einer so großen Kundgebung eingeladen zu werden, auch wenn die Kommunisten oft die wichtigsten Organisatoren der Friedensbewegung waren. Das war wie bei den Ostermärschen. Als Redner durften sie nicht auftreten, damit aus politischer Ängstlichkeit nur nicht der Eindruck entstünde, das sei »von Moskau gesteuert«. Doch an Ettie konnte man nicht vorbei. Sie war Jüdin, antifaschistische Widerstandskämpferin, war bekannt geworden und gefeiert als beste Unterschriftensammlerin und schließlich auch eine Frau. So kam sie auf die große Bühne, ich saß neben ihr – sie bestand darauf –, an ihrer Seite der Schriftsteller Heinrich Böll, Willy Brandt, Petra Kelly und andere Prominente. Sie sprach vor einer halben Million Menschen. Ihre Rede erhielt den meisten Beifall, sie war die bewegendste, wie am nächsten Tag die Zeitungen berichteten. Wobei auch vermerkt wurde, dass Willy Brandt wie versteinert auf der Bühne saß. Nur einmal hatte er geklatscht, und dies bei der Rede von Ettie.

Ettie als Rednerin auf der Großkundgebung der Friedensbewegung 1983 im Bonner Hofgarten zusammen mit dem Schriftsteller Heinrich Böll und dem ehemaligen Bundeskanzler Willy Brandt

Wie ich die politische Wende erlebte

Oft werde ich gefragt, wie ich die Wende 1989, den Zusammenbruch der DDR, das Verschwinden der Sowjetunion, den Untergang des realen Sozialismus in Europa verkraftet habe. Es musste nicht zwangsläufig so kommen, davon bin ich überzeugt. Wir diskutierten unaufhörlich über die Gründe und tun es immer noch. Ohne die Sowjetunion konnte die DDR nicht existieren. Gorbatschow, von dem ich anfangs begeistert war und über dessen Politik der Perestroika und des Glasnost ich riesige Illusionen hatte, hatte die DDR fallen gelassen wie eine heiße Kartoffel. Er hat sie für einen Apfel und ein Ei an die Bundesrepublik verkauft. Später kam auch sein Eingeständnis, dass er in der Beseitigung der Sowjetunion sein Lebensziel gesehen habe.

Das Wichtigste, was wir dabei ergründen müssen, ist, herauszufinden, was wir falsch gemacht haben und was wir in Zukunft besser machen können. Darüber war und ist nachzudenken. Ich hatte Verständnis dafür, dass viele meiner Genossinnen und Genossen, die erst wenige Jahre zuvor in die Partei eingetreten waren, nun desillusioniert austraten. Zumeist blieben sie dennoch der sozialistischen Idee treu, wenn auch jetzt unorganisiert. Den Kontakt mit ihnen – wo immer möglich – zu behalten, war für mich konstant wichtig. Wenn manchmal die Auseinandersetzungen darüber, was falsch gemacht worden war, unter uns zu Zerreißproben führten, dann sagte ich mir beschwörend: Wenn der Gegner auch noch so sehr triumphiert, ich will nun nicht jammernd auf dieser Erde herumstehen, nicht in trister Hoffnungslosigkeit versinken!

Ich bin überzeugt, wenn auch der reale Sozialismus in Europa gescheitert ist, dass die Idee des Sozialismus trotz alledem das Erhabenste und das Gerechteste ist, was die Menschheit hervorgebracht hat. Diese Idee kann nicht untergehen, solange solche gesellschaftlichen Zustände existieren, die diese Idee haben entstehen lassen. Die Zustände auf der Erde sind sogar noch schlimmer geworden. Denn jeden Tag sterben dreißigtausend Kinder an Hunger und Seuchen; weltweit stirbt alle 15 Sekunden ein Kind wegen Wassermangels oder fehlender sanitärer Einrichtungen! Es gibt eine Massenarbeitslosigkeit

wie nie zuvor, 80 Prozent der Arbeitsfähigen scheinen überflüssig zu
sein; es gibt Kriege, die Umwelt wird zerstört. Aber die Produktivität
ist so hoch, dass die elementaren Bedürfnisse aller Menschen dieser
Erde befriedigt werden könnten, dass jeder satt werden und jeder
ein Dach über den Kopf haben könnte; es wäre möglich, dass jeder
gesundheitlich versorgt würde und Zugang zu Bildung und Kultur
hätte.

In 40 Jahren DDR hatte man versucht, das gesellschaftliche Leben
so einzurichten. Nicht jeder hatte alles, wenn ich an das Konsum-
angebot des Westens denke. Aber es hatte jeder seine gesicherte
Existenz, war kostenlos gesundheitlich versorgt, hoch qualifiziert
ausgebildet, mit allen Möglichkeiten ausgestattet, am kulturellen
Leben teilzunehmen. Für den Westen war die Existenz der DDR
schon die eigentliche Provokation. Seit ihrer Entstehung sollte sie
liquidiert werden. Es gab de facto eine Kriegserklärung. Dieser Staat
befand sich in einem latenten Belagerungszustand, was manche Be-
schneidung demokratischer Rechte, die Mauer, die Einschränkung
von Bewegungsfreiheiten notwendig gemacht hatte, was vor allem in
jungen Menschen das Gefühl aufkommen ließ, eingesperrt zu sein.

Und heute? Von dieser DDR darf nichts Positives übrig bleiben.
Außer vielleicht dem Grünen Pfeil und dem Sandmännchen. Die
DDR wird als Unrechtsstaat bezeichnet, sogar mit dem Nazistaat
gleichgesetzt. Das ist ungeheuerlich! Welch ein Weißwaschen, welch
eine Bagatellisierung des Nazireiches! Der Nazistaat hinterließ Berge
von Leichen. Die DDR allenfalls Berge von Akten. 1945 war in
Westdeutschland versäumt worden, die Verantwortlichen für die NS-
Verbrechen zu bestrafen: die Organisatoren des Holocaust, die Verantwortlichen für die Massenmorde an Juden, an Sinti und Roma,
sowjetischen Kriegsgefangenen, für die Massaker in den Gebieten,
die von der Wehrmacht besetzt und ausgeplündert wurden, die Verantwortlichen der Wehrmacht, die Zehntausende Hitlergegner hin-
richten ließen. Allein in der letzten Phase des Krieges wurden dreißigtausend Todesurteile wegen Wehrkraftzersetzung und Desertion
verhängt. So viele Qualen in den Konzentrationslagern! So viel Not
und Tod, so viele Verwüstungen hat das NS-System in Europa hervor-

gebracht, ohne dass die Täter je zur Verantwortung gezogen wurden. Aber jetzt, mit der »Aufarbeitung« der DDR, wird das »nachgeholt« – mit der Verfolgung und Bestrafung derer, die in der DDR »staatsnah« waren. Hochqualifizierte Professoren der Universitäten, Ärzte, Juristen, Kulturschaffende, Betriebsleiter wurden wegen so genannter Staatsnähe ihrer beruflichen Existenz beraubt, wurden bestraft durch Kürzung ihrer Rente, sogar der Rente enteignet

Einer, dem ich 1990 sofort meine solidarische Verbundenheit zeigte, war Hermann Axen. Ihn kannte ich schon aus der Zeit der Pariser Emigration. Er war Mitglied im Politbüro der SED gewesen und für die Außenpolitik zuständig. Wegen seiner schweren Erkrankung war er nach Wochen aus dem Gefängnis entlassen worden und konnte mit seiner Frau Sonja eine kleine Wohnung im Osten Berlins beziehen. Ich hatte in den Jahren zuvor kaum Kontakt mit ihm gehabt. Nun nahm ich ihn wieder auf. Ein reger Briefverkehr entstand zwischen uns bis zu seinem Tod im Februar 1992. Jeder Brief von mir, sei für ihn Medizin, schrieb er mir. Als meine Schwester Fanny starb, gestand er mir, dass er in Paris in sie verliebt gewesen sei. Er würde nie vergessen, wie sie ihn umsorgte, als er mit ihr unterwegs in Paris und plötzlich vor Hunger ohnmächtig zusammengebrochen war.

Als Ettie ging

Einen schweren Schicksalsschlag musste ich selber hinnehmen. Ettie, meine Frau, lag längere Zeit schwer krank im Krankenhaus. Ich wusste, sie hatte eine lebensbedrohliche Krankheit. Bei einer Konsultation sagte mir ihre Ärztin: »Erfüllen Sie ihr nun alle ihre Wünsche.« Die darauf folgenden Tage, Wochen und Monate waren die schwersten in meinem Leben, ich kann sie nicht beschreiben. Ettie ist an Pfingsten 2001 gestorben.

In Erinnerung bleibt mir die rührende Geste meines Enkels Joscha, Silvias Sohn, als er am Ende der Trauerfeier an ihre Bahre spontan das Friedenszeichen anheftete und so die Oma, die Friedenskämpferin ehrte.

Nach dem Tod von Ettie entstand ein intensiver Kontakt zu Sonja
Axen, der Frau meines verstorbenen Genossen und Freundes aus
französischer Zeit Hermann. Auch ihren Vater kannte ich, den antifaschistischen Widerstandskämpfer Harry Kuhn. Er war ein Überlebender des KZ Buchenwald. In der Nazizeit war Sonja als junges
Mädchen in die illegale Arbeit einbezogen, hatte gefährliche Aufträge
übernommen. Das verbindet uns wohl am stärksten miteinander. In
längeren Abständen bin ich bei ihr in Berlin. Wir sind unzertrennlich
geworden, jeder in Sorge um den anderen. Ich gehöre nun auch zu ihrer
Familie. Für ihren Enkel Philipp bin ich sozusagen der Ersatzgroßvater.

Warum brauchen wir heute eine antifaschistische Organisation wie die VVN-BdA?

Mit der Wende 1989/90 veränderte sich auch ein Schwerpunkt meiner
politischen Aktivität. Ich wurde seitdem als Bundessprecher führendes
Mitglied der »Vereinigung der Verfolgten des Naziregimes - Bund der
Antifaschisten« (VVN-BdA).

Die Altersstruktur der VVN-Mitgliedschaft hatte sich in den vergangenen Jahrzehnten natürlich grundlegend geändert. Der größte Teil
der Überlebenden war inzwischen verstorben. Die übrigen haben ein
hohes Alter, sind meist sehr kränklich, so dass von ihnen die politische
Arbeit nur noch eingeschränkt geleistet werden kann. Darum hat sich
die VVN bereits 1971 der nachgewachsenen Generation geöffnet und
den Zusatznamen erhalten: »Bund der Antifaschisten« (BdA). Von
diesen Generationen, die gegenwärtig 90 Prozent der Mitgliedschaft
stellen, wird die gesamte Arbeit geleistet.

Ich habe 1989/90 deshalb eine führende Rolle in der VVN-BdA
eingenommen, weil ich sie über eine Krise hinweg retten wollte.
Damals traten junge Mitglieder aus dem Verband aus, weil sie sich
von der Führung betrogen sahen. Diese hatte immer entschieden bestritten, was der Gegner immer wieder behauptet hatte, nämlich dass
die Arbeit der VVN von der DDR finanziert worden sei. Die Führung
hatte sicherlich auch Gründe gehabt, dies zu bestreiten; sie hatte den

Verband nicht der Gefahr aussetzen wollen, als von einer fremden Macht finanziert verboten zu werden. Aber es war doch keine Schande, ja doch auch selbstverständlich, solidarische Unterstützung von einem Staat zu erhalten, der sich selbst als antifaschistisch definierte. Als der Anschluss der DDR an die Bundesrepublik vollzogen war und alle Organisationen, Parteien, Gewerkschaften gesamtdeutsch vereinigt wurden, wobei die östlichen zumeist bevormundet, einfach vereinnahmt wurden, trat auch ich vehement dafür ein, dass die VVN-Ost sich mit der VVN-West vereinigt, ohne einander zu bevormunden. Das hat sich als schwierig herausgestellt, weil es im Osten beispielsweise darum ging, die Opferrente für die ehemals Verfolgten, die es in dieser Form im Westen nicht gab, nicht zu gefährden. Darum hat es lange gedauert, bis wir 2001 zu einem gesamtdeutschen Verband wurden.

Doch schon vorher waren die Gemeinsamkeiten deutlich sichtbar. Als wir 1997 das 50-jährige Bestehen der Vereinigung in Frankfurt/Main feierten, waren natürlich auch Mitglieder und Vertreter der VVN-Ost anwesend. Und sie nahmen genauso begeistert den »Appell an die Jugend« auf, den ich gemeinsam mit Esther Bejarano am Ende der Feierstunde vortrug, wie unser Verband im Westen. Wir gaben allen jungen Menschen, Mitgliedern und Freunden unserer Organisation Folgendes mit auf den Weg:

»Nehmt es wahr! Nehmt wenigstens ihr es wahr, was von vielen von Euren Vorfahren meistens verdrängt, auch diskriminiert und verleugnet wurde:

Das Bedeutsamste und Kostbarste aus deutscher Geschichte ist und bleibt der antifaschistische Widerstand.

Im sechzigsten Jahr nach der Befreiung vom Faschismus erinnern wir: Es waren zumeist einfache Frauen und Männer, vorwiegend aus der Arbeiterbewegung, in der Mehrzahl Jüngere, die aktiv gegen Hitler und den Krieg kämpften, viele bereits, bevor an Hitler die Macht übertragen wurde. Den Krieg wollten sie verhindern, indem sie dem unmenschlichen Naziregime ihre Menschlichkeit entgegensetzten. Den Völkern Europas und ihrem eigenen wollten sie das Leid ersparen, das der Nazifaschismus über sie brachte. Dafür riskierten sie alles, ihre Existenz, ihre Freiheit, ihr Leben, dafür nahmen sie Zuchthaus, Konzentrationslager und Folter in Kauf.

Vergesst nie! Ihnen ist es zu danken, dass der Name unseres Landes nicht ausschließlich mit Ehrlosigkeit und Schande besudelt blieb.

Wir haben überlebt, beseelt von dem Gedanken: Nie wieder Faschismus! Nie wieder Krieg! In diesem Sinne bewahren wir das Vermächtnis der Millionen Toten faschistischer Massenvernichtung, die die Befreiung am 8. Mai 1945 nicht mehr erlebten. Wir waren dem so genannten Tausendjährigen Reich entkommen, das für uns tatsächlich wie tausend Jahre war, jede Stunde, jeden Tag den Tod vor Augen.

Nach der entsetzlichen Zeit fanden wir uns mit unseren unterschiedlichen politischen und weltanschaulichen Auffassungen, mit unserer verschiedenen sozialen Herkunft so zusammen, wie wir im Widerstand gekämpft hatten und verfolgt worden waren. Wir gründeten die Vereinigung der Verfolgten des Naziregimes - VVN: Kommunisten, Sozialdemokraten, Liberale, Gewerkschafter, Juden, Christen. Die entsetzliche Zeit hinter uns, wollten wir ein Leben ohne Rassismus, Antisemitismus, Nationalismus und Militarismus. Wir wollten dafür wirken, dass unsere Erfahrung mit Unmenschlichkeit der Nachwelt stete Mahnung werde. Wir wollten unseren Traum vom Leben in sozialer Gerechtigkeit, in Frieden und Freundschaft mit allen Völkern verwirklichen. Wir wollten, dass sich nun für alle Zeiten unsere Kinder und Kindeskinder der Sonne, der Blumen, der Liebe erfreuen könnten, ohne Angst vor Faschismus und Krieg. Es war für uns nicht vorstellbar, dass unsere Visionen und Träume nicht Wirklichkeit werden könnten. Unfassbar bleibt für uns, wie reibungslos sich der Übergang vom Nazireich in die Bundesrepublik vollzog. In Regierung, Verwaltung, Wirtschaft, Justiz, Medizin, Bildung, bei Polizei, Militär, Geheimdiensten nahmen ehemals führende Nazis Führungspositionen ein und bestimmten wesentlich die Geburt der Bundesrepublik und jahrzehntelang das in ihr herrschende politische Klima. Bis heute erhalten Kriegsverbrecher, selten belangt und wenn, dann sehr schonend behandelt, Opferrenten. Gruppen Verfolgter des Naziregimes erhielten bis heute keine Entschädigung. Es ist nicht schwer zu erkennen, dass in dieser Entwicklung auch Ursachen für die heute immer dreister werdenden Alt- und Neofaschisten liegen.

Als wir 1945 befreit waren, hielten wir es für unvorstellbar, dass ihr als Nachgeborene erneut mit Nazismus, Rassismus, mit auflebendem Nationalismus und Militarismus konfrontiert würdet. Globalisierungswahn, ungeheure Massenarbeitslosigkeit, rigider Sozialabbau, die immer größer werdende Kluft zwischen Arm und Reich, katastrophale Zerstörung der Umwelt lassen besonders bei euch, den jungen Menschen, Zukunftsängste entstehen.

Wir haben die Zuversicht, dass ihr das nicht alles schweigend und untätig hinnehmen werdet. Wir bauen auf euch, dass ihr euch zu wehren versteht, nicht kapituliert und euch dem Zeitgeist unterwerft. Wir haben die Zuversicht, dass die Jugend sensibel und wachsam gegenüber allem ist, was zu brauner Barbarei führen könnte. Seht nicht weg, wenn Menschenrechte verletzt werden, bewahrt euer Gerechtigkeitsempfinden! Wir setzten auf euch, die Jugend, die sich in die Tradition des antifaschistischen Widerstands zu stellen vermag, nehmt die Tradition auf und führt sie auf eure Art und Weise weiter! Wir sind sicher, dass eure Herzen dafür brennen können.

Lasst euch von den verbliebenen demokratischen und sozialen Errungenschaften nichts wegnehmen. Das sind keine Geschenke von Regierenden! Es sind vor allem Errungenschaften antifaschistischen Widerstands bei Niederringung des Faschismus. Verteidigt, was ihr noch habt! Zivilcourage ist verlangt, nicht einmal besonderer Mut. Ihr riskiert nicht eure Leben wie die Frauen und Männer im antifaschistischen Widerstand. Und vergesst nie: Der Internationalismus und die Solidarität sind unentbehrlich in diesem Kampf. Reiht euch ein, in die größte und umfassendste deutsche antifaschistische Kampfgemeinschaft, die Vereinigung der Verfolgten des Naziregimes – Bund der Antifaschistinnen und Antifaschisten (VVN-BdA), die organisierter Ausdruck des kollektiven Gedächtnisses an Widerstand und Verfolgung sowie antifaschistischen Handelns ist. Wir brauchen euch!

In absehbarer Zeit wird es keine Zeitzeugen des schrecklichen Abschnitts deutscher Geschichte mehr geben. Lasst nie zu, dass das Vermächtnis des Widerstands revidiert wird oder in Vergessenheit versinkt!

Der »Schwur von Buchenwald«: »Die Vernichtung des Nazismus mit seinen Wurzeln ist unsere Losung. Der Aufbau einer neuen Welt des Friedens und der Freiheit ist unser Ziel!« bleibt gültig. Es ist noch viel zu tun. Übernehmt ihr den Auftrag, ein sicheres, menschenwürdiges Leben in friedlichem Miteinander der Völker der Welt zu schaffen. Sorgt dafür, dass aus der Bundesrepublik Deutschland ein dauerhaft antifaschistisches, humanes, friedliches Gemeinwesen wird, in dem es kein Wiederaufleben von Nazismus, nationalistischem Größenwahn und rassistischen Vorurteilen gibt.

Wir vertrauen auf die Jugend, wir bauen auf euch!«

Warum ich mich gegen die IG Farben engagiere

In der Protestbewegung gegen die IG Farben in Abwicklung, die vor allem vom Auschwitzkomitee organisiert wurde, war ich sehr engagiert. Anfang der 80er Jahre erfuhren wir, dass alljährlich im Nobel-Hotel »Frankfurter Hof« die Aktionärsversammlung der »IG Farben i. A.« (i. A. = in Abwicklung) stattfand. Da war uns erst bewusst geworden, dass so etwas existierte. Bekanntlich wurde durch Erlass der Alliierten 1946 der Chemiekonzern aufgelöst. 1947/48 fand der Kriegsverbrecherprozess gegen die Direktoren der IG Farben statt. Die Anklage lautete: Raub, Versklavung, Massenmord und Vorbereitung des Angriffskrieges. Der amerikanische Hauptankläger DuBois, der diesen Prozess mit Dokumenten gründlich vorbereitet hatte, war über die milden Urteile empört. Es hätte, wie er sagte, »ein Hühnerdieb damit zufrieden sein können«. Nach wenigen Jahren Gefängnis entlassen, saßen die Herren bald wieder in den Konzernetagen. 1954 wurde die Liquidationsgesellschaft gegründet, die über mehrere Hundert Millionen DM verfügte, mit denen vor allem die Überlebenden von Auschwitz, die Sklavenarbeiter bei den IG Farben gewesen waren, entschädigt werden sollten. Doch denjenigen, denen das Geld rechtmäßig zustand, wurde es nicht ausgezahlt. Die Entschädigungssummen wurden unterschlagen, damit eine Aktiengesellschaft gegründet und das Geld in Immobilien angelegt, um damit zu spekulieren. Nachdem ich das erfahren hatte, mobilisierte ich Überlebende, die bei jeder Hauptversammlung die ankommenden Aktionäre, es waren über Tausend, mit Umhängeschildern, Transparenten und Flugblättern empfingen. Wir machten öffentlich: Hier wird mit Aktien spekuliert, an denen das Blut von über eineinhalb Millionen Ermordeten klebt; auch das meines Bruders und meiner Schwester. So habe ich es auf das Schild geschrieben, das ich trug. Ich bin oft gefragt worden, was mich veranlasste, mich gegen die IG Farben zu engagieren. Meine Gründe reichten aus: Auschwitz war das Lager der IG Farben. Die IG Farben lieferte das Zyklon B, mit dem Menschen wie Ungeziefer ausgerottet wurden. Beim Aufbau ihres Werkes in der Nähe von Auschwitz, in Monowitz, wurden dreißigtausend Auschwitzhäftlinge durch Arbeit vernichtet. Unzählige Häftlinge wurden durch medizinische Versuche ermordet, mussten einen qualvollen, entsetzlichen Tod erleiden. Alles, was die Verschleppten aus ganz Europa an wertvollem Metall bei sich hatten, ihre Eheringe, sonstiger Schmuck, ja sogar das Gold aus den Zähnen, wurde den Leichen oft auch noch im Tod gewaltsam geraubt. Was nicht vorher in den Taschen der SS verschwand, landete bei der Tochterfirma der IG Farben, bei DEGUSSA in Frankfurt, und wurde zu Goldbarren geschmolzen. Diese Gründe reichten aus, warum ich mich gegen die IG Farben i.A. engagierte.

Wir waren zunächst wenige, aber dann wurden wir bei den darauf folgenden Aktionen von vielen jungen Menschen unterstützt. Mit Vollmachten von kritischen Aktionären konnten wir auch an der Versammlung teilnehmen, uns zu Wort melden. Wenn wir ans Mikrofon traten, wurde es meist ausgeschaltet, manche von uns wurden gewaltsam hinausgeworfen. Doch viele Aktionäre, oft jüngere, erfuhren erst durch unser Auftreten die blutige Geschichte der IG Farben. Unser Auftreten hatten wir immer mit der Forderung verknüpft: Sofortige Auflösung der Gesellschaft, alles vorhandene Vermögen muss in die Hände der Überlebenden. Diese »Gesellschaft in Liquidation« dachte nie daran, sich aufzulösen, auch nicht nach einem halben Jahrhundert, so dass die Stuttgarter Zeitung in Anlehnung an einen bekannten Kriegsfilm die Schlagzeile brachte: »Hunde, wollt ihr ewig liquidieren!«

Viele Zeitungen berichteten über die Proteste gegen die IG Farben-Aktionäre

Doch im Jahre 2001 hat die Liquidationsgesellschaft den Bankrott erklärt, nachdem mit kriminellen Machenschaften alles Geld, das den Opfern gehört, beiseite geschafft worden war. Sie hatte auf die großen Grundstücke des in der DDR enteigneten Chemiekonzerns spekuliert und auf ein Bankkonto der Schweizer UBS-Bank mit 2,2 Milliarden Euro, das immer noch blockiert war. Mehrere Male versuchte ich, mit Hilfe von Auschwitz-Überlebenden, ehemaligen Zwangsarbeitern der IG Farben, eine Kampagne auszulösen, damit dieses Vermögen in die richtigen Hände kam und eine Stiftung gegründet werden konnte. Was hätte näher gelegen, als dieses Geld zur Entschädigung von Überlebenden, zur Erhaltung der Gedenkstätte Auschwitz, zur Unterstützung aller Aktivitäten, die sich mit der Erinnerung befassen, und für Aktivitäten gegen ein Wiederaufkommen des Nazismus, gegen Rassismus, Antisemitismus und Ausländerfeindlichkeit einzusetzen? Oft werden diese Arbeiten von Gruppen geleistet und organisiert, die zumeist das Geld dafür erbetteln müssen. Eine solche Stiftung wäre wirklich als Wiedergutmachung zu bezeichnen – diesen schlimmen Ausdruck verwende ich sonst nie.

Ich bin ganz traurig, dass ich für diese Forderung so wenig Unterstützung gefunden habe. Inzwischen sind die meisten Überlebenden gestorben, ich komme mir vor wie ein einsamer Rufer in der Wüste. Aber noch gebe ich nicht auf.

Was wir bisher tatsächlich mit unseren Aktionen gegen die Abwicklungsgesellschaft erreicht haben, ist nicht hoch genug einzuschätzen. Denn erst durch diese Aktionen wurde in der Öffentlichkeit die Existenz dieser Gesellschaft wahrgenommen. Was aber noch viel wichtiger war: Durch unsere Aktionen wurde die Geschichte der IG Farben in den Medien zu einem Thema.

Es gibt kaum einen anderen Konzern, an dem man so augenfällig die Beteiligung und Verantwortung der Großindustrie und der Großbanken an den Verbrechen des Nazireiches illustrieren kann. Großindustrie und Großbanken machten die Verbrechen des Nazireiches erst möglich und zogen anschließend daraus noch ihre riesigen Gewinne.

Deutsche in der Résistance

Ich komme zurück zu Otto Niebergall, unserem ehemaligen Chef der Deutschen in der Résistance. Ihm ist es wesentlich zu verdanken, dass die Widerstandskämpfer in Erinnerung blieben. Zunächst nach 1945 im befreiten Deutschland wollte niemand von denjenigen, die zurückgekehrt waren, über den Kampf innerhalb der Résistance reden. Wie alle anderen waren auch wir vor allem damit beschäftigt, das Leben in Gang zu bringen, Einfluss auf die kommende politische Entwicklung zu nehmen, schließlich, was ja am nächsten lag, die eigene Existenz aufzubauen. Kaum jemand befragte uns, außer unseren Freunden.

Die Menschen hatten andere Sorgen. Auf die Dauer wäre alles in Vergessenheit geraten. Doch in der Mitte der 70er Jahre ergriff Otto Niebergall die Initiative, gründete den Verband »Deutsche in der Résistance«, versuchte alle ehemaligen Deutschen in der Résistance zu erfassen. Dadurch entstand das Buch »Résistance«, in dem mehrere Beteiligte ihre Erlebnisse schilderten, ich beispielsweise meine Flucht. Wir gaben ein Informationsblatt heraus, bemühten uns, den unbekannten Abschnitt des Widerstandes auch auf Versammlungen in die Öffentlichkeit zu bringen. Mit der Wende 1989/90 gründeten wir den gesamtdeutschen Verband mit dem langen Namen: »Verband Deutscher in der Résistance, in den Streitkräften der Antihitlerkoalition und der Bewegung Freies Deutschland« (DRAFD). Durch Bücher, Veranstaltungen, Ausstellungen von Historikern, die uns »entdeckten«, Filme im Fernsehen, Interviews, Portraits in den Medien wurden wir von da an doch mehr und mehr in der Öffentlichkeit wahrgenommen. Wichtig waren unsere Kontakte zu den Veteranen des Widerstandes in den okkupierten Ländern. Oft war ich zu den Gedenktagen in Frankreich und Italien eingeladen. Wir besuchten die alljährlichen Zusammenkünfte der Résistancekämpfer in Frankreich, trafen uns mit unseren ehemaligen Kampfgefährten, erlebten immer wieder den ergreifenden Empfang, den sie uns bereiteten. Nicht in allen, doch in den größten Museen der Résistance finden sich auch Dokumente über die Teilnahme von Deutschen. Man muss sich vergegenwärtigen, was es für Franzosen bedeutet, wenn sie erfahren, dass

auch Deutsche in der Résistance kämpften. Allgemein ist bekannt,
dass Eingewanderte aus allen Ländern tapfer an ihrer Seite standen:
Spanier, Portugiesen, Italiener, Polen, Tschechen, Russen usw. Dieser
lebendige Internationalismus! Dass unter ihnen auch Deutsche
waren, verwunderte viele Franzosen. Deutsche, die gegen Deutsche
kämpften, auch mit der Waffe, sozusagen gegen das eigene Land. Das
berührte jeden Franzosen. Ich befand mich mit Ettie in der Region
Lyon im Urlaub. Bei einer Waldwanderung sahen wir einen Hinweis
auf ein Mémorial der Résistance. Als wir es besichtigten, stand da
auch eine Gruppe von Franzosen. Wir lasen die Namen derer, die an
dieser Stelle hingerichtet worden waren, und entdeckten zu unserem
Erstaunen den Namen unseres Jugendfreundes, der zu unserer Jugendgruppe gehörte: Philipp Urbach. Der französischen Gruppe sagten wir,
hier sei auch ein Deutscher hingerichtet worden. Und wir erklärten
ihnen, dass auch wir in der Résistance gewesen waren. Die Gruppe war
gerührt. Zum ersten Mal erfuhren sie von Deutschen in der Résistance.
Hinterher erlebten wir eine herzliche Verabschiedung.

Noch ein Beispiel, an das ich mich erinnere, wie Franzosen
reagieren, wenn sie von deutscher Beteiligung an der Résistance erfahren. Im Februar 2006 lief im Fernsehen bei ARTE ein Film mit dem
bezeichnenden Titel »Fremde Patrioten, Deutsche in der Résistance«.
Die französische Fassung wurde von vielen Franzosen gesehen. In dem
Film zeigte man auch mich. Einer meiner Enkel ist zur Ausbildung als
Zimmermann in Frankreich.
Etwa zwei Tage, nachdem dieser
Film gesendet worden war,
musste er zum Zahnarzt. Der las
seinen Namen, Joscha Gingold.
Er fragte ihn, ob er etwas mit
dem Gingold zu tun habe, den
er gerade im Fernsehen gesehen
hatte. Als ihm Joscha sagte, das
sei sein Opa, war der Arzt derartig gerührt, dass er meinen
Enkel spontan umarmte.

*Peter und sein Bruder Siegmund
bei Fernsehaufnahmen in Paris –
Boulevard St. Martin No. 11*

Eine neue Auschwitz-Lüge

Wer mir nach 1945 vorausgesagt hätte, dass Deutschland, von dem der grausamste, mörderischste Krieg der Weltgeschichte ausgegangen ist, eines Tages wieder Krieg führen werde, den hätte ich reif für die Irrenanstalt erklärt. Nicht einmal die Wiederaufrüstung in Deutschland hatte ich mir, wie alle Überlebenden, vorstellen können. Doch das Unfassbare geschah. Am Ende des 20. Jahrhunderts führte Deutschland wieder Krieg! Ausgerechnet gegen Jugoslawien, gegen ein Land, über das im vergangenen Jahrhundert von deutschem Boden aus zweimal Vernichtung und Verwüstung gebracht worden war. Im Zweiten Weltkrieg haben Deutsche eine Million Serben massakriert. Nach den Juden hatten die Slawen in Serbien – gemessen an der Gesamtbevölkerung – die meisten Opfer zu beklagen. Als sei alles vergessen, war nun wieder eine deutsche Armee, die Bundeswehr gegen dieses Land im Kriegseinsatz! Das geschah unter einer so genannten linken Regierung von SPD und Grünen.

Und dieser Krieg wurde auch noch mit Auschwitz gerechtfertigt. Welch eine Infamie! Wochen vor dem Kriegsbeginn begab sich Verteidigungsminister Scharping mit einigen Offizieren der Bundeswehr zur Gedächtnisstätte Auschwitz, um dort zu erklären, damit sich Auschwitz nicht wiederhole, müssten unsere Soldaten in den Kosovo.

Das Auschwitzkomitee verwahrte sich empört, die Toten von Auschwitz zur Begründung eines Krieges, eines völkerrechts- und grundgesetzwidrigen Angriffskrieges, zu missbrauchen. Im Auftrag des Auschwitzkomitees formulierte ich eine Erklärung, die an den Bundeskanzler, an die zuständigen Minister und an die Medien geschickt wurde. Keine Reaktion. Nur linke Blätter, die ja nur von Wenigen gelesen werden, veröffentlichten den Protest. Dann war der Krieg im Fernsehen: Abend für Abend Schreckensbilder aus dem Kosovo, Kolonnen von Frauen und Kindern mit Karren und Pferdewagen. Sie flohen vor den Bombardierungen, doch die Medien suggerierten, man treibe sie in die Vernichtung. Tag für Tag war die Rede von Deportation und Konzentrationslagern. Man zeigte Bilder von Massakrierten, die gab es ja auf beiden Seiten, aber angeblich

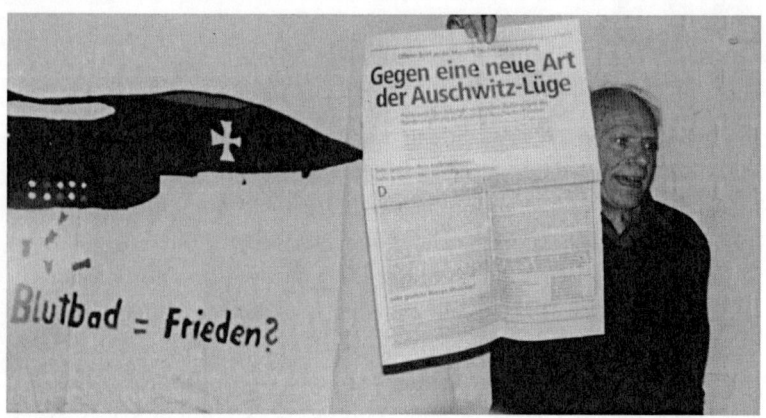

Peter protestiert gegen eine »neue Art der Auschwitz-Lüge« zur Rechtfertigung des Kriegs gegen Jugoslawien

wurden Verbrechen nur von den Serben begangen. Fortwährend sah man vor den Kameras verzweifelt weinende Frauen und Kinder, was natürlich Mitleid hervorrief und glaubhaft machen sollte, es gehe darum, ein Auschwitz zu verhindern. Zumal vom Außenminister Fischer immer wieder beschworen wurde: »Weil ich an Auschwitz denke, müssen wir Krieg führen.« In den Medien hieß der serbische Präsident Milosevic »der Hitler vom Balkan«. Als Auschwitz und Hitler derartig verharmlost wurden, sammelte ich Unterschriften von Überlebenden von Auschwitz, von Überlebenden des Holocaust und auch deren Angehörigen unter eine Erklärung: »Gegen eine neue Art der Auschwitz-Lüge«. Die alte Auschwitz-Lüge ist die der Nazis, die leugnen, dass es Auschwitz und die Gaskammern gegeben habe. Die neue Auschwitz-Lüge leugnet Auschwitz nicht, sondern verharmlost es, indem sie die Geschehnisse in Kosovo mit Auschwitz vergleicht. Aus »Nie wieder Faschismus, nie wieder Krieg!« wurde »Wieder Krieg, damit nie wieder Auschwitz«. Dies war auch eine neue Art der Vergangenheitsbewältigung und der »Wiedergutmachung«. Unser Protestbrief gegen die neue Auschwitz-Lüge, in dem wir uns dagegen verwahrten, die Toten von Auschwitz zur Rechtfertigung des Krieges zu missbrauchen, und die beigefügten Unterschriften der Überlebenden wurden wiederum an den Kanzler, Außenminister und Verteidigungsminister gesandt und den Medien übergeben. Wie zuvor keine Reaktion! Wir hatten für den Papierkorb geschrieben. Da bekam ich einen Anruf aus Berlin von einem mir bislang Unbekannten. Er nannte mir seinen Namen und seine Telefonnummer. Er habe unsere Erklärung im Internet gelesen, sie sei das Wirkungsvollste gegen den völkerrechtswidrigen Krieg. Sie müsste in einer großen Zeitung als Anzeige veröffentlicht werden, dafür käme die »Frankfurter Rundschau« infrage. Ich solle mich erkundigen, ob diese Zeitung es veröffentlichen würde und wie hoch die Kosten einer ganzseitigen Anzeige seien. Die FR war bereit, doch mir verschlug es den Atem, als mir der Preis von vierzigtausend DM mitgeteilt wurde: die müssten vorher gezahlt werden. Das würde ich niemals, auch nicht durch Sammlungen, aufbringen können. Am nächsten Tag hatte ich die Summe auf meinem Bankkonto. Zwei Tage später prangte auf einer ganzen Seite in der »Frankfurter Rundschau« die dicke Überschrift »Gegen eine neue Art der Auschwitz-Lüge«. Das schlug wie eine Bombe ein. Das lag nun auf den Schreibtischen des Bundeskanzlers, des Außenministers und Verteidigungsministers. Joseph Fischer bestritt, dass es für ihn eine Parallele gebe zwischen Kosovo und Auschwitz. Berge von Briefen, tagtäglich zahllose Faxe, Telefonanrufe, mit ein paar Ausnahmen alle mit begeisterter Zustimmung. Die Medien brachten nun Auszüge aus unserer Erklärung. Jetzt begannen die Auseinandersetzungen, Diskussionen über unsere Argumente gegen den Krieg. Von der Universität in Nis, der meist bombardierten Stadt in Serbien, bekam ich eine Einladung. Ein vielfaches Nachdenken war hervorgerufen worden: »Wieder Krieg, damit nie wieder Auschwitz?!« Es ging darum und es muss bis in alle Ewigkeit darum gehen und so bleiben, »Nie wieder Faschismus, nie wieder Krieg! Damit nie wieder Auschwitz!« Denn erst Faschismus und Krieg hatten Auschwitz möglich gemacht. Das haben viele begriffen.

Lassen wir es nicht zu, mit Auschwitz Kriege zu rechtfertigen, die Toten von Auschwitz zu schänden!

Und außerdem stimmt es nicht, dass der Krieg gegen Hitler, ohne Zweifel ein gerechter Krieg, notwendig war, um die Menschheit vor dem Untergang in die Nazibarbarei zu retten. Hitler hätte im Frieden, durch den Frieden bezwungen werden können. Ich erinnere mich, als wäre es gestern gewesen: Als die Gefahr immer näher rückte, dass Hitler den Krieg auslöste, war unsere damalige Losung gewesen: »Hitler muss am Frieden ersticken!« Er wäre tatsächlich am Frieden erstickt, d. h. an den eignen sozialen Problemen zugrunde gegangen, denn die in die Kriegsvorbereitung investieren Milliarden konnten nur durch Eroberung und Ausplünderung Europas amortisiert werden. Gegen ein System der kollektiven Sicherheit in Europa, das der sowjetische Außenminister Litwinow durchsetzen wollte, wäre Hitler machtlos gewesen. Aber die Westmächte, Frankreich und England, waren nicht daran interessiert, im Gegenteil. Sie ermunterten Hitler zu seiner Aufrüstung, sie schlossen mit ihm das Münchener Abkommen 1938, wie bereits beschrieben, in der Annahme, dass die Angriffspläne Hitlers sich nur gegen den Osten richten würden. Was ihnen sehr willkommen war.

Mit dieser Argumentation bin ich schon in den 80er Jahren leidenschaftlich dem damaligen Generalsekretär der CDU Heinrich Geißler in Wort und Schrift entgegengetreten, als er behauptete: »Der Pazifismus der 30er Jahre hat Auschwitz erst möglich gemacht.« Mit dieser Argumentation sind auch die völkerrechtswidrigen Kriege gegen Afghanistan und den Irak begründet worden. Überall werden »Hitler« ausgemacht, neben dem vom Balkan und Saddam Hussein, nun auch der von Teheran. Weiß Gott, wie viele kommende Kriege noch mit diesem so gefährlichen Argument gerechtfertigt werden. Gefährlich deshalb, weil es sehr überzeugt, von angeblich deutscher Erfahrung zu sprechen.

Gespräche mit jungen Menschen

Große Befriedigung in meinem Leben erfahre ich eigentlich jetzt erst in meinem hohen Alter, in den letzten zwei Jahrzehnten. Nichts macht mich so glücklich, wie wenn junge Menschen mir zuhören, mir Fragen stellen, meine Erfahrungen als unverzichtbar für ihre Gegenwart und Zukunft begreifen.

Ja, ich fühle mich glücklich, derart sinnvoll wirken zu können in diesen letzten Jahren meines Lebens, immer wieder angefordert zu werden – in Schulen, in öffentlichen Versammlungen, für Aktionen gegen die Zusammenrottung von Neonazis. Auch bei wissenschaftlichen Tagungen, die sich mit der Nazivergangenheit beschäftigen, mit Themen wie Antisemitismus, Rassismus. Ich bin kein Wissenschaftler, kein Historiker, aber doch kann ich manches mit meinen Erfahrungen bereichern. Tatsächlich ist in den letzten Jahren mein Kalender voll, aber nichts ist mir zuviel. Von jeder Veranstaltung kehre ich heim mit innerer Befriedigung. Ich frage mich, was will ich mehr? Ganz gleich, ob es kleine oder große Veranstaltungen sind, ob ich in der Aula einer Schule vor ein- oder zweihundert Schülerinnen und Schülern spreche oder in einer Klasse vor 25 bis 30, aber manchmal auch vor Tausenden. So z. B. vor einigen Jahren in Oberhausen vor fünfzehntausend Schülern. Für mich ist das unvergesslich. Aus Anlass des 9. November 1938 hatte der Stadtschülerrat eine Demonstration aller Schulen dieser Stadt gegen Krieg und Rassismus organisiert. Redner waren der Oberbürgermeister, der Ministerpräsident und sonstige Honoratioren. Ich war als Zeitzeuge angefordert. Die Redner vor mir mussten gegen eine kaum zu überwindende Geräuschkulisse ankämpfen. Mir war mulmig zumute, als ich an der Reihe war. Werde ich sie packen können? Doch es gelang mir. Gleich nach meinen ersten Sätzen trat Stille ein. Meine Ausführungen wurden immer wieder mit großem Applaus unterbrochen und am Ende, ich konnte es nicht sehen, weil ich von Scheinwerfern geblendet war, machte mich der Moderator darauf aufmerksam, dass mir die fünfzehntausend Schüler mit anhaltendem Applaus eine stehende Ovation brachten. Ich war glücklich, dass ich sie hatte ergreifen können.

Ähnliches erlebte ich öfter und immer schenkte es mir ein Glücksgefühl. So auch im Jahre 2004 in der Alten Oper in Frankfurt auf einer Veranstaltung unter dem Motto »Mut zu Mut« mit Liedern und Texten über den Widerstand. Berühmte Liedermacher und Interpreten, u. a. Esther Ofarim aus Israel, nahmen teil. Ich war aufgefordert, einige Minuten über meine Erfahrung in der Résistance zu sprechen. Das Opernhaus war mit 1.800 Besuchern ausverkauft. Ich konnte sie nicht sehen, weil mich auf der Bühne die Scheinwerfer blendeten,

Zitate aus Aufsätzen von Schülern
der Friedrich-Realschule in Weinheim
nach der Begegnung mit Peter Gingold am 31.5.2005

»*Ich fand es sehr faszinierend und interessant einen Menschen kennen zu lernen, der die ganzen schrecklichen Taten der Nazis überlebt und sich gegen sie gewehrt hat. Es war toll zu erfahren, wie sich die Résistance gegen die Deutschen gewehrt und welche Gefahren sie auf sich genommen hat... Aber am Unvorstellbarsten finde ich das unglaubliche Durchhaltevermögen, das er während der Folter bewiesen hat, dass er trotz der wochenlangen Folter nicht aufgegeben hat und sogar dann noch die Kraft hatte zu fliehen.*«

»*Der Besuch von Herrn Gingold war sehr erstaunlich. Ich frage mich, wie er das durchstehen konnte und heute noch in so einer guten Verfassung ist. Er hat sehr viel für den Weltfrieden geleistet und ich freue mich, dass es auch solche Menschen auf der Welt gibt. Ich weiß nicht, was ich in einer solchen Situation gemacht hätte, aber ich bin auch froh darüber, dass ich diese schlimme Zeit nicht erleben musste. Was mich am meisten interessiert hat, war die Geschichte von seiner Flucht. Erstaunlich war, dass er noch so viel Kraft aufbringen konnte zu fliehen.*«

»*Doch am allermeisten beeindruckte mich sein Lebenswille während der Gefangenschaft bei den Nazis. Trotz Folter, trotz Hunger durchzuhalten. Besonders seine List mit der Tür fand ich super und auch noch dass sie so gut klappte und er so viel Glück hatte.*«

»*Auch was er über die Frauen berichtet hat, war einfach toll. Seine Frau war eine großartige Person, wie sie gegen den Krieg kämpfte und dabei noch ein Baby groß zog...*«

»*Dass er seine Töchter verstecken musste, war traurig.*«

»*Als mir erzählt wurde, dass Herr Gingold uns besuchen kommt, war ich ziemlich skeptisch. Denn ein älterer Herr kommt doch nicht einfach so in eine Schule, um uns etwas zu erzählen. Vor allem ist er grade mal 6 Jahre älter als meine Oma, die mir nebenbei auch schon eine Menge erzählt hat. Jedoch, als ich ihn das erste Mal gesehen hatte, dachte ich schon ganz anders über die ganze Sache… Er ist bewundernswert und man könnte schon behaupten – ein Held. Als er dann anfing zu erzählen, fragte ich mich, wie er das alles durchmachen konnte. Der Stress, die Angst… Mich hat der Vortrag von Herrn Gingold sehr berührt und ich fand ihn sehr interessant.*«*

»*Was mir auch noch gut gefiel, war, dass er öfter sagte, dass man sich nicht alles gefallen lassen soll, sondern ruhig sagen, was einem nicht passt.*«*

was mein Lampenfieber nur noch steigerte. Ich sprach gegen eine schwarze Wand. Ich bin das nicht gewohnt, dass ich nicht in den Gesichtern ablesen kann, wie meine Worte wirken. Ich sprach diesmal nicht über mich, ich sprach über den Mut und die Rolle der Frauen im antifaschistischen Kampf, in der Résistance. Und ich nahm wahr, dass meine Worte ankamen, immer wieder wurde ich durch starken Applaus unterbrochen. Zum Schluss wollte er nicht enden. Als ich die Bühne verließ, holte mich der Moderator zurück, er rief mir zu. »Sie stehen alle auf«. Ich konnte es nicht glauben, diese stehende Ovation des gesamten Saales nahm ich ganz ergriffen entgegen.

Ähnlich erging es mir auf dem Marienplatz in München. Zu einer Kundgebung gegen den Aufmarsch von Neonazis in dieser Stadt hatten sich vielleicht zwanzigtausend Menschen versammelt. Es kamen sehr viele, weil hierzu der Oberbürgermeister, die Kirche, der Vorsitzende der jüdischen Gemeinde aufgerufen hatten. Auch der bekannte Liedermacher Konstantin Wecker war da. Ich war der Redner für die VVN-BdA und kam als letzter an die Reihe. Alle vorherigen Redner waren beeindruckend, aber ich bekam überwältigenden Applaus. Konstantin Wecker umarmte mich spontan.

Der 60. Jahrestag der Befreiung

Der Jahrestag des 8. Mai 1945 ist für mich immer ein Höhepunkt. Doch der sechzigste im Jahr 2005 übertraf alles. Vorgesehen war, dass ich im Frankfurter Gewerkschaftshaus mit anderen Zeitzeugen sprechen sollte. Doch zwei Tage zuvor kam aus Berlin ein Anruf, ob ich bereit wäre, vor etwa fünfzehntausend Protestierenden gegen einen geplanten Aufmarsch von Neonazis »Unter den Linden« als Redner aufzutreten. Spontan sagte ich zu, die Frankfurter hatten dafür Verständnis. Vor vielen tausend Menschen konnte ich auf dem Platz vor dem Berliner Ensemble sprechen. Ich spürte, was es für diese Jugendlichen bedeutete, dass einer wie ich zu ihnen sagen konnte: »Ich habe erlebt, wie es anfing und wie es endete. Und es begann genau dann, als den Nazis in der Weimarer Republik die Straße freigegeben wurde.« Als letzter Redner beendete ich meine Ansprache mit den Worten: »Denen keinen Fußbreit Boden in dieser Stadt!« Ich erhielt einen schönen Blumenstrauß und marschierte damit an der Spitze des Demonstrationszuges der vielen Tausenden zum Alexanderplatz, wo sich die Neonazis zu ihrem Aufmarsch versammelt hatten. Nach stundenlanger Blockade erklärte die Polizei die Zusammenrottung der Neonazis für aufgelöst. Wie symbolisch dieser Triumph am Jahrestag der Befreiung. Für mich war es ein ergreifender 8. Mai.

Von der Stadt Frankfurt an der Oder war ich zum 60. Jahrestag der Befreiung von Auschwitz am 27. Januar 2005 als Redner der VVN-BdA eingeladen worden. CDU-Abgeordnete des Stadtparlaments protestierten heftig gegen diese Einladung, weil ich eine Organisation vertrete, die als verfassungsfeindlich eingestuft sei. Sie verlangten meine Ausladung. Diese Auseinandersetzung kam in die Öffentlichkeit, die Presse schrieb darüber. Die Bürgermeisterin rief mich an, sie befürchtete, dass ich daraufhin absagen würde, und beschwor mich zu kommen. Der Saal im städtischen Theater war wegen dieser Auseinandersetzung überfüllt. Zu Beginn meiner Rede erinnerte ich die CDU-Abgeordneten, die mein Auftreten verhindern wollten, an die lebenswichtigste Erfahrung des Widerstandes gegen den Nazifaschismus: die Gemeinsamkeit aller Hitlergegner, gleich welcher sozialen

Peter an der Spitze einer Demonstration zum Tag der Befreiung am 8. Mai 2005 in Berlin

Herkunft, gleich welcher politischen und weltanschaulichen Richtung. Ich fragte, ob dies nicht gerade für heute gelten müsse, niemanden auszugrenzen im Widerstehen gegen alle Bestrebungen, die zu einem Rückfall in eine ähnlich schreckliche Vergangenheit führen könnten. Es gab dafür großen Beifall.

Der Jugendvertreter der IG Bau in NRW, der mich in einem Seminar der Gewerkschaft kennen gelernt hatte, machte mir den Vorschlag, mit ihm als Zeitzeuge in Berufsschulen zu gehen. Er schrieb sie alle an. Erstaunlich die Reaktion. Ich konnte die Anforderungen kaum bewältigen. Für mich war es ungemein wichtig, dass ich zur Arbeiterjugend sprechen konnte. Es waren alles Lehrlinge, die zumeist zum ersten Mal mit einem Zeitzeugen des antifaschistischen Widerstandes zusammenkamen. Überraschend waren ihr großes Interesse und ihre Aufmerksamkeit.

Um den 60. Jahrestag des 8. Mai herum sprach ich innerhalb von vier Wochen vor etwa zweitausend Berufsschülern. Das war für

mich sehr anstrengend. Jeweils etwa 150 Schüler, oft am Tage dreimal
hintereinander je zwei Stunden. In dieser kurzen Zeit wollte ich sie ge-
fühlsmäßig erreichen und ihnen gleichzeitig Denkanstöße geben. Im
Vergleich zu den Schülern der Realschulen und Gymnasien war wenig
an geschichtlichen Kenntnissen vorauszusetzen. Öfter bekam ich den
Hinweis, dass unter ihnen einige aus der neonazistischen Szene seien,
was auch an ihren Fragen deutlich wurde. Doch habe ich immer wieder
erreichen können, dass sie mir zuhörten. Ihr Applaus am Ende war
ehrlich, aus Höflichkeit applaudieren Schüler nicht. Sicher ist es für
Schüler, gleich welcher Schule, immer eine angenehme Abwechslung,
wenn sie zwei Stunden einen Zeitzeugen anhören können, also keinen
Unterricht haben. Na ja, hören wir uns den alten Mann an. Diese Vor-
eingenommenheit musste ich gleich zu Beginn abbauen.

Fragen und Antworten

Nicht nur diesen Berufsschülern, vielen tausend jungen Menschen habe ich Rede und Antwort gestanden. Und es waren fast immer dieselben Fragen, die mir gestellt wurden. Einige dieser Fragen und meine Antworten darauf habe ich hier aufgeschrieben.

Im Mittelpunkt stand für mich aber immer die Frage: Wie kann man heute aktiv werden? Was kann jeder einzelne tun?

Meist sagte ich den jungen Menschen am Anfang, dass sie einen alten Mann vor sich hätten, der ihr Großvater sein könnte. Dann erzähle ich, wie ich in ihrem Alter mit ähnlichen Problemen wie sie konfrontiert war. Wie der Faschismus anfing und in einem Meer von Blut und Tränen endete, wie ich begann, mich einzumischen und dadurch in den Widerstand kam. Im Mittelpunkt meiner Zeitzeugengespräche steht der Widerstand, den ich für die Jugend möglichst detailliert darstellte. Das ist für Jugendliche das Faszinierendste, das Spannendste. Die Details wollen sie wissen. Wie habt ihr euch ernährt? Wie habt ihr die falschen Ausweise beschaffen können? Wie habt ihr die Kontakte zu den Widerstandsorganisationen finden können? Habt ihr Angst gehabt, wie seid ihr damit fertig geworden? Immer wurde von mir der Bogen zur Gegenwart gezogen, vor wem ich auch über meine Erlebnisse sprach. Ansonsten wären die Zeitzeugengespräche unwirksam.

Die Zuhörer sollen die Erkenntnis mit nach Hause nehmen, wie unentbehrlich für ihre Gegenwart und Zukunft die Erfahrungen der Überlebenden des antifaschistischen Widerstandes sind. Ich will sie ermutigen, sich einzumischen, sich nicht mit den vorgefundenen Zuständen abzufinden, vor allem gegen alles aktiv zu werden, was an Naziideologie, Rassismus, Ausländerfeindlichkeit, Antisemitismus,

Nationalismus auf alarmierende Weise längst wieder im Kommen
ist, als ob es keine entsetzliche Vergangenheit in jüngster deutscher
Geschichte gegeben hätte.

Was kann man tun?

In solchen Gesprächen bekam ich oft die Frage gestellt: Was kann ich
tun? Daraufhin antworte ich meist: Ich will kein Rezept vortragen,
was man alles dagegen tun kann, sondern nur eine kleine Geschichte
erzählen, die meine Tochter Alice vor einiger Zeit erlebt hat, eine all-
tägliche Begebenheit:

Sie hat in Duisburg eine Arbeitsstelle, wohnt in Essen und nimmt
daher jeden Abend die S-Bahn. Sie ist abends immer überfüllt. Wer
keine Dauerkarte besitzt, muss vom Automaten ein Ticket ziehen
und es dann entwerten. Sonst ist man Schwarzfahrer. Eines Abends
sitzt neben meiner Tochter in der überfüllten S-Bahn ein schwarzer
Junge. Jeder wird kontrolliert. Der schwarze Junge zeigt sein Ticket,
das er aus Unkenntnis nicht entwertet hat, also wird er als Schwarzfahrer entdeckt und aufgefordert 40 Euro zu zahlen. Er versteht kaum
Deutsch, begreift nicht, warum er plötzlich 40 Euro zahlen muss, und
hat auch kein Geld. Meine Tochter zum Kontrolleur: »Sie sehen, er ist
hilflos, drücken Sie doch bei ihm wenigstens mal ein Auge zu.« Bei
ihm gerade nicht, reagierte sicherlich in seinem rassistischen Denken
der Kontrolleur. Eine daneben stehende junge Frau bekommt es auch
mit. Sie ruft in den Waggon: »Hat jemand einen Hut, ich sammele die
40 Euro für den schwarzen Jungen.« Jemand hat einen Hut, die 40
Euro sind schnell gesammelt, die der Kontrolleur tatsächlich nimmt.
Dem Jungen kommen die Tränen vor Rührung und er bedankt sich in
seinem unbeholfenen Deutsch.

Ich erkläre meinen Zuhörern, warum ich diese Geschichte erzähle.
Weil meine Tochter ein Unrecht spürte, hatte sie den Mund auf-
gemacht und aktivierte damit die daneben stehende junge Frau. Diese
mobilisierte fast alle Mitfahrer zur Solidarität mit diesem Jungen. Also,
wo du auch Unrecht erlebst und empfindest, wo und wie dir auch
immer Rassismus, Antisemitismus, Nazismus entgegentreten, mach
den Mund auf! Sicher bedarf es ein wenig Zivilcourage. Doch wirst

du immer wieder erleben, dass du nicht alleine bist, dass andere dich
unterstützen, dass sie ähnliches empfinden wie du. Und du riskierst
heute nicht das, was wir einst riskierten. Damals ging es um den Kopf.
Also, nicht wegsehen!

Ich bin überzeugt, dass etwas von dem, was ich erzähle, hängen
bleibt. Denn ich spüre immer, mit welcher Rührung und wie viel
Beifall diese Geschichte aufgenommen wird, weil sie ihnen zeigt, wo
sie im Alltagsleben Gelegenheit finden, einzugreifen und Verbündete
zu gewinnen.

Falscher Stolz

Ob man nicht doch stolz sein kann, ein Deutscher zu sein, werde ich
öfter bei meinen Gesprächen von Schülern gefragt. Da antworte ich
meist: Wer von euch glaubt, stolz sein zu können, ein Deutscher zu
sein, dem sei es zugestanden, und ich will es ihm gar nicht ausreden.
Sicherlich sind viele Franzosen stolz auf ihre Nation. Doch in den
vielen Jahren, die ich in Frankreich lebte, ist mir nie ein Franzose
begegnet, der seinen Stolz auf sein Land in jener Weise zeigte, wie es
die deutschen Neonazis tun, wenn sie plakativ vor sich hertragen: »Ich
bin stolz, ein Deutscher zu sein!«

Damit wollen sie die so genannten Nichtdeutschen, die Ein-
gewanderten provozieren, sie aus unserer Gesellschaft ausgrenzen, aus
diesem Land, in dem sie ihren Lebensmittelpunkt, eine neue Heimat
gefunden haben. Habe ich Grund, stolz zu sein, ein Deutscher zu sein,
nur weil ich zufällig hier geboren bin? Ich kann doch nur auf etwas
stolz sein, das ich durch meine eigenen Leistungen geschaffen habe,
vielleicht auch auf meine Kinder und meine Enkel, zu deren guter
Entwicklung ich manches beigetragen habe.

In der Nazizeit glaubte ein Großteil der deutschen Bevölkerung,
stolz auf ihr wertvolleres deutsches Blut sein zu können. Man war
mehr wert als die anderen Völker, am minderwertigsten befand man
die »Zigeuner«, die Juden, die Slawen. Jeder Trottel konnte stolz sein,
ein Deutscher zu sein, wenn er noch einen unter sich hatte, auf den
er treten konnte. Ich zitiere da gerne Arthur Schopenhauer über den
Nationalstolz: »Jeder erbärmliche Tropf, der nichts in der Welt hat,

darauf er stolz sein könnte, ergreift das letzte Mittel, auf die Nation, der er gerade angehört, stolz zu sein.«

Etwas anderes ist die Heimatliebe, verbunden zu sein mit den Städten und der Umgebung, wo man aufgewachsen ist, wo ich z. B. als Kind gespielt habe, Orte, an die ich oft sehnsüchtig denke und die ich gern immer wieder aufsuchen möchte. Als ich gleich nach Kriegsende meine Geburtsstadt Aschaffenburg wiedersah, eine einzige Trümmerlandschaft, das wunderschöne Schloss mit den vier Türmen, das ich als Kind so sehr bewunderte und oft, und so gut ich konnte, zeichnete, – nun in Ruinen, da habe ich geweint. Wie oft hatten wir mit unseren illegalen Flugblättern an die Soldaten und Offiziere der Wehrmacht an ihre Vaterlandsliebe appelliert: Lasst die Heimat nicht untergehen, rettet sie vor Hitler und seinem Krieg!

Warum soll ich – ein Deutscher – die Deutschen hassen und warum bin ich – als ein Jude – zuständig für Israel?
Oft fragen mich Schüler, ob ich denn die Deutschen hasse? Aus meinen Erzählungen wissen sie Bescheid über meine jüdische Herkunft und darüber, was der jüdischen Bevölkerung von Deutschen angetan wurde. Mittlerweile ist mir klar geworden, dass der Fragesteller mich demnach nicht als Deutschen sieht, er mich sozusagen als Jude aus der deutschen Bevölkerung ausgrenzt. Das ist ihm sicherlich nicht bewusst, und ich mache ihm daraus keinen Vorwurf. Aber es käme niemand auf die Idee, eine solche Frage einem anderen deutschen Zeitzeugen zu stellen, der kein Jude ist. Ich antworte da, sicherlich für die Zuhörer überraschend: »Da müsste ich mich selber hassen, ich bin ein Deutscher, oder nicht?« Das sind die unterschwelligen, nicht auszurottenden antisemitischen Vorurteile, dass ein Jude kein Deutscher sein kann.

Auch nach meinem Verhältnis zu Israel werde ich in dem Zusammenhang oft gefragt. Als Jude ist man also auch zuständig für Israel. Auch darin verbirgt sich, meist unbewusst, ein antisemitisches Vorurteil. All dies führt dazu, dass ich, wenn ich über den Widerstandskampf spreche, der ja für mich immer das Wichtigste ist, oft vermeide, meine jüdische Herkunft zu erwähnen. Auch wenn es nicht ausgesprochen wird, ist in den Köpfen vieler Zuhörer das Vorurteil: Na ja, als Jude ist sein Widerstand selbstverständlich. Dabei herrscht gleichzeitig die Meinung vor, die Juden hätten sich widerstandslos wie Vieh in die Schlachthöfe treiben lassen. Fast unbekannt ist der jüdische Widerstand. Besonders über ihn muss gesprochen werden. Da sind die Beispiele des Aufstandes im Vernichtungslager Majdanek, sogar im Krematorium in Auschwitz, vor allem im Warschauer Ghetto, in der französischen Résistance kämpfte eine jüdische Sektion. Tausende jüdische Frauen und Männer befanden sich an der Seite der nationalen Befreiungsbewegungen in allen von der Hitlerwehrmacht okkupierten Ländern. Manchmal werde ich gefragt, ob außer Juden auch andere im Widerstand waren? Überwiegend waren es natürlich Nicht-Juden, die meisten von ihnen waren Kommunisten, viele Sozialdemokraten und auch christliche Menschen.

Nie wieder Deutschland als Schreckensbereiter

Als ich mit dem Blumenstrauß an der Spitze der vielen tausend Jugendlichen am 60. Jahrestages des 8. Mai zum Alexanderplatz in Berlin marschierte, um den Aufmarsch der Neonazis zu verhindern, lief direkt hinter mir eine Gruppe von sogenannten »Antideutschen«. Sie riefen unentwegt: »Nie wieder Deutschland!«. Da fragten mich Journalisten, in der Annahme, dass ich damit übereinstimme, wie ich zu Deutschland stehe. Ich antwortete, dass ich mit der Losung dieser Jugendlichen nicht einverstanden bin. Ich hätte aber doch ein Verständnis dafür, weil sie damit sagen wollten, es dürfe nie wieder ein Deutschland geben, das so viel Schrecken über die Welt bringen kann, nie wieder ein faschistisches Deutschland.

Aber ich halte den »Antideutschen« entgegen, dass es auch ein anderes Deutschland gibt, das von Goethe, Schiller, Beethoven und Bach, das von Heinrich Heine, Thomas Mann, Marx und Engels, das der großen Philosophen Hegel und Feuerbach, das Deutschland des Bauernkriegs, der Revolution von 1848, der Novemberrevolution 1918, das von Karl Liebknecht und Rosa Luxemburg und vor allem das Deutschland der Kämpfer des deutschen antifaschistischen Widerstands. Das ist mein Deutschland.

In der Auseinandersetzung mit den »Antideutschen« sage ich: Von Karl Liebknecht kommt nicht der Ausspruch »Der Hauptfeind *ist* das eigne Land«, sondern »Der Hauptfeind *steht* im eignen Land!«. Denkt gründlicher nach, ihr »Antideutschen«!

Gefährliche Gleichsetzung

Auch muss ich mich ständig mit den Begriffen »national«, »Nationalismus«, »Patriotismus« und »Internationalismus« herumschlagen. Unter denen, die sich als Linke sehen, gibt es sofort einen Aufschrei des Entsetzens, wenn ich das Adjektiv »national« positiv in den Mund nehme. Den Unterschied zwischen national und nationalistisch muss ich immer wieder klarmachen. Dazu nur einige Worte: Ich lebe in einem Land, in dem ich aufgewachsen bin, dessen Sprache ich spreche, in mir ist doch vieles von dem, was dieses Land der Welt an Kulturgütern geschenkt hat. Die Partei, der ich angehöre, nennt sich »Deutsche Kommunistische Partei.« Sie sieht ihre Aufgabe darin, in diesem Land die Verhältnisse zu verändern, was doch schließlich eine nationale Aufgabe ist. Nationalistisch wäre es dann, wenn man Vorteile in einem Land auf Kosten anderer Länder erkämpfen würde, wenn ein Land sich gegenüber anderen Ländern erhöht, sich überlegen sieht. Nationalistisch ist jede Überheblichkeit gegenüber anderen Völkern. Nationale Verantwortung und Internationalismus sind eigentlich nicht voneinander zu trennen. Es ist meine Pflicht als Internationalist, im eignen Land dafür einzutreten, dass von Deutschland aus nie wieder eine Bedrohung anderer Völker ausgeht. Zugleich ist das meine nationale Aufgabe, damit hier nie wieder Faschismus, nie wieder Krieg entstehen kann! Die solidarische Unterstützung der fortschrittlichen Bewegung in anderen Ländern ist meine internationalistische Pflicht, kommt schließlich meinem eigenen Lande zugute. So verknüpft sich national mit internationalistisch. Dazu gehört natürlich, jeden Nationalismus entschieden zu bekämpfen. Die extremste Form des Nationalismus ist der Faschismus.

So ungefähr habe ich mich immer auseinander gesetzt, wenn Linke mir sagten, wie kannst du das Wort »national« in den Mund nehmen. Ich glaube, indem ich mit anderen Deutschen in Frankreich und in Italien in ihrer nationalen Widerstandsbewegung gegen die deutsche Besatzung kämpfte, habe ich Internationalismus praktiziert. Aber wir appellierten zugleich an die Angehörigen der Hitlerschen Besatzungsmacht, an ihr patriotisches Gefühl, an ihre Vaterlandsliebe, Deutschland vor dem Untergang zu retten. Der einzige damals legitime Patriotismus war es zu helfen, für das eigene Land die Niederlage herbeizuführen.

Seid wachsam

Es wird mir immer wieder entgegengehalten, das, was es in unserem Land gibt, existiert ja auch in anderen Ländern: Rassismus, Ausländerfeindlichkeit, Antisemitismus, auch da gibt es neofaschistische Bewegungen. Darauf antworte ich immer: Das ist wahr. Es gibt Le Pen in Frankreich, Berlusconi in Italien, in England, Holland, vor allem in den USA, in vielen anderen Ländern gibt es dies alles, ohne dass es große Aufregung verursacht, Panik hervorruft. Aber ist Deutschland wie ein ganz normales Land? Eben nicht. In der jüngsten Geschichte gab es kein Land außer Deutschland, das ein Auschwitz hervorgebracht hat. Deshalb muss es auch beim leisesten Auftreten rassistischer, ausländerfeindlicher, antisemitischer und neonazistischer Erscheinungen einen millionenfachen Aufschrei geben: Wir lassen es nicht wieder zu! Kein Land auf dieser Erde ist zur Wachsamkeit so verpflichtet wie Deutschland! Das stelle ich immer in den Mittelpunkt meiner Reden, um Jugendliche zu ermuntern, die einen Aufmarsch der Neonazis verhindern wollen.

Wie kann man – nach Stalin – noch Kommunist sein?

Wo immer ich über meine Vergangenheit spreche, erwähne ich stets, dass ich seit meinem 15. Lebensjahr der kommunistischen Bewegung angehöre. So bleibt mir selten die Frage erspart, wieso ich angesichts der Verbrechen unter Stalin noch Kommunist sein könne. Dies fragte mich zum Beispiel, als ich bei einem Empfang im Frankfurter Rathaus zufällig neben ihm am Tisch saß, der Vorsitzende der Stadtverordnetenversammlung Mihm, der der CDU angehörte. Meine Antwort darauf: »Lieber Herr Mihm, Sie gehören der CDU an, Sie sind sicher Christ. Da frage ich, wieso können Sie noch Christ sein, angesichts der Verbrechen, die im Namen des Christentums geschehen sind?« Ich zählte sie auf: die Kreuzzüge, die Hexenverbrennungen, die Inquisition bis zum Konkordat mit Hitler.»Ich weiß, was Sie mir jetzt antworten werden. Das alles habe nichts mit Christentum zu tun. Genau die gleiche Antwort gebe ich Ihnen auch.« Darauf blieb er still.

Ja, was da an Verbrechen geschehen ist, sind Entartungen, sind Verbrechen am Kommunismus. Sie haben unserer guten Sache schweren Schaden zugefügt und sind eine erschütternde historische Lehre.

Zu meinem 85. Geburtstag war ich vom Hessischen Rundfunk zu einem live übertragenen Interview eingeladen. Ich bekam die gleiche Frage, denn ich bin in Frankfurt als Kommunist bekannt. Darauf antwortete ich dem Interviewer:»Sie gehören der nachgewachsenen Generation an. Vielleicht fällt es schwer, Folgendes nachzuvollziehen: Meine Eltern mussten, um Auschwitz zu entkommen, in einem Versteck leben. Sie besaßen ein Radio, und um Moskau zu hören, kroch mein Vater buchstäblich ins Radio hinein. Wenn von da Siegesmeldungen über die deutsche Armee kamen, rief mein Vater beglückt aus:»Josselle – er meinte damit Stalin – hat wieder einen Sieg verkündet«. Josselle ist der jiddische Kosename für Josef. Dann sagte ich dem Journalisten:»Können Sie sich vorstellen, was für meine Eltern, meine Frau, für mich, für alle jüdischen Menschen, die nur, weil sie geboren schon zum Tode verurteilt waren, die Siege der sowjetischen Armee unter Stalin bedeuteten, ohne die wir nie überlebt hätten? Für sie alle wie auch für meinen Vater waren sie die einzige Hoffnung.«

Das ging live über den Sender. Viele, die es gehört haben, waren beeindruckt, ja sogar ergriffen, wie mir manche sagten.

Wie kann man diesen Mut bekommen?
Wenn ich so mein Leben schildere, wird mir oft gesagt: Da hat man doch viel Mut gebraucht, ich könnte mir nicht vorstellen, dass ich diesen Mut hätte aufbringen können. Da erwidere ich zumeist: Ich hatte viel Angst, kam oft in Situationen, wo mir das Herz in die Hose rutschte. Ich habe oft nicht gewusst, ob ich ein Löwenherz oder ein

Hasenherz besitze. Mut ist doch nichts anderes, als seine Angst zu überwinden. Ich war, wie wir alle im Widerstand, in Situationen, in denen es um Leben oder Tod ging.

Heute geht es nicht um solche Situationen. Du kannst es lernen, deine Angst zu überwinden. Wenn du zum Beispiel spürst: Da stimmt etwas nicht, da geschieht etwas Unrechtes, Gemeines, was dir alltäglich begegnen kann. Da hängt zum Beispiel ein Klebezettel mit Nazilosungen und dem Hakenkreuz. Soll man es aus Angst nicht abreißen, nicht eingreifen? Oder wagt man es? Wage es, auch wenn zunächst mal der Schweiß ausbricht. So kann man im Alltäglichen lernen, Mut – oder mit anderen Worten – Zivilcourage aufzubringen. Mit Mut hat es nichts zu tun, den Helden zu spielen, etwas Unüberlegtes zu tun. Wenn ich einer Schlägerbande von Neonazis allein gegenüberstehe, da bringe ich mich schon in Sicherheit, lasse mich nicht zusammenschlagen, aber ich informiere so schnell wie möglich die Polizei.

Reisender in Sachen Mutmachen

Eigentlich bin ich mittlerweile Reisender in Sachen Mutmachen geworden, gegen Verzagtheit, Enttäuschung und Resignation, gegen eine Hoffnungslosigkeit, die doch sehr viele meiner Mitstreiter mit der Wende 1989 erfasst hatte. War denn wirklich alles vergeblich?! Dagegen gilt es anzukämpfen. Gerade jetzt nicht aufgeben! Am wirksamsten hilft es, wenn ich meine allerwichtigste Lebenserfahrung entgegen halte: »Es bleibt nichts, wie es ist.« – ein Ausspruch von Bert Brecht. Die Geschichte lehrt uns, nie zu resignieren, selbst in schier verzweifelter, aussichtsloser Situation, in der wir im Tunnel kein Licht mehr sehen. Es blieb nie, wie es war. Ich brauche doch nur auf mein Leben zurückzublicken. Als ich auf die Welt kam, war ich Untertan von Kaiser Wilhelm, sicherlich waren damals die meisten Menschen noch fest überzeugt, das Kaiserreich werde vielleicht noch tausend Jahre fortbestehen. Als ich zu laufen begann, zwei Jahre später, war es hinweggefegt durch die Novemberrevolution. Die Weimarer Republik mit ihren vielen Errungenschaften bestand auch nur 14 Jahre. Als ich meine Lehre beendete, war sie untergegangen. Hitler proklamierte sein tausendjähriges Reich. Nach 12 Jahren war es zerschmettert. Ich gehörte zu denen, die mit ihren Möglichkeiten ein klein bisschen dazu beigetragen haben. Dann gab es zwei deutsche Staaten, und ein Drittel der Erde war auf dem Weg zum Sozialismus. Unumkehrbar, davon war ich fest überzeugt. Doch dann ist alles, was auf dem Wege zum Sozialismus war, in Europa zusammengebrochen. Nach 70 Jahren Oktoberrevolution und 40 Jahren realem Sozialismus auf deutschem Boden. War das der endgültige Triumph des Kapitalismus? Nein, es ist nicht das Ende der Geschichte! Seht, was sich alles in einem Leben änderte! Es bleibt nichts, wie es ist! Zu meinen Zuhörern, die so jung sind, dass sie noch viele Jahrzehnte vor sich haben, sage ich: »Was glaubt ihr, was sich alles in eurem Leben noch ändern wird! Seht, was sich jetzt schon heute verändert. Wer hätte sich noch vor kurzer Zeit vorstellen können, dass es wieder eine relativ starke linke Fraktion im Bundestag gibt?« Objektiv verändert sich immer wieder die Situation, was uns neue Chancen bietet. Nur müssen wir darauf vorbereitet sein, die Chancen auch wahrzunehmen.

Ist es nicht so, dass schon jetzt mehr und mehr Menschen nach einer gesellschaftlichen Alternative suchen, nicht nur die Verlierer der Entwicklung, die »Überflüssigen«, auch die, die noch in Arbeit sind, aber in Ängsten leben, diese Arbeit zu verlieren? Sie sind zugänglicher geworden, wenn wir mit ihnen darüber sprechen. Bisher ging ja zumeist gleich der Rollladen runter, wenn wir erklärten, dass ihre Situation mit dem Kapitalismus zu tun habe, dass die großen Produktionsmittel in gesellschaftliches Eigentum überführt werden müssten, um die Verhältnisse grundlegend zu ändern. Es macht Hoffnung und bringt Mut hervor, wenn ich meine Lebensgeschichte erzähle. Es bleibt nicht, wie es ist! Es lohnt sich, sich einzumischen, um die Welt zu verändern, sie so gerecht zu machen, wie wir sie haben wollen!

Wir brauchen die Organisation

An dieser Stelle kommt in der Diskussion oft die Frage, was jeder Einzelne dabei tun kann. Darauf antworte ich: Allein wirst Du kaum etwas schaffen können. Meine wichtigste Erfahrung des politischen Handelns lautet: Es geht nicht ohne Organisation. Alles, mein Überleben, das Überleben meiner Frau, meines Kindes, habe ich nur dem

Umstand zu verdanken, dass ich einer Organisation angehörte. Alle demokratischen und sozialen Errungenschaften sind schließlich das Ergebnis eines organisierten Kampfes, vor allem des organisierten Kampfes der Arbeiterbewegung. In der Illegalität, wo es um Leben oder Tod ging, wie hätte ich, allein auf mich gestellt, mir meine illegale Unterkunft, meine falschen Papiere beschaffen, mich ernähren können, da ich keiner Erwerbstätigkeit nachgehen konnte? Wie hätte ich für mein Kind ein sicheres Versteck finden können? Das alles habe ich meiner Organisiertheit zu verdanken, die mir eine gewisse Sicherheit gab. Nein, es geht nicht ohne einen Zusammenschluss. Ich betone das deshalb ausdrücklich, weil es unter der jungen Generation eine Abneigung dagegen gibt, sich als Mitglied in eine Organisation einbinden zu lassen. Lieber schließen sie sich spontan zu einer Aktion einer Initiativgruppe an, von der vielleicht ein kleiner Kern übrig bleibt, aber bald auseinander fällt. Ich bin sehr für Spontaneität. Sie ist enorm wichtig. Aber es geht auch um die Kontinuität des organisierten Kampfes und damit um die politische Organisation.

Ettie und Peter erhalten 1991 aus der Hand des Frankfurter Oberbürgermeisters Andreas von Schoeler die »Johanna-Kirchner-Medaille«

Nachgedanken von Sonja Axen

Tiefe Trauer erfüllt uns! Peters warmherzige Stimme ist nicht nur leiser geworden, sondern für immer verklungen. Die viel zu kurze Frist von einem Jahr war ihm geblieben, um neben seinen unvorstellbar zahlreichen Aktivitäten als Zeitzeuge noch Raum zum Schreiben seiner Erinnerungen zu finden. Abstriche an seinem übervollen Terminkalender wies er mit der Begründung zurück, dass die Aussprache mit jungen Menschen seine Kraftquelle sei. Trotzdem ließen wir nicht locker mit unserem Argument, dass seine Erinnerungen verloren gingen, wenn er sie nicht schriftlich festhalte.

Ein ganz besonderer Dank gebührt daher unserer Freundin Uschka, die unsere Bemühungen unterstützte, indem sie Peter unermüdlich ermutigte und schließlich zum Schreiben bewegte. Neben dem Zeitfaktor war es für Peter eine zusätzliche Erschwernis, dass er gegen eine teuflische, kraftzehrende Krankheit kämpfen musste. Aber er fand die Kraft, weil es ihm seit langer Zeit keine Ruhe ließ, dass bei allen bisherigen Veröffentlichungen über seine und Etties Teilnahme am Widerstandskampf die Gefühlswelt weitgehend ausgespart war. Vielmals diskutierten wir mit Peter die Frage, dass die junge Generation seinen politischen Werdegang und den daraus resultierenden Kampfeswillen nur dann verstehen kann, wenn nachfühlbar erzählt wird von der Wärme des Elternhauses und von eindrucksvollen Kindheits- und Jugenderlebnissen. Es ist nicht wirkungsvoll, die Weltgeschichte zu schildern, ohne ihr die Färbung der eigenen Gefühle zu verleihen. Diese Erkenntnis war für Peter die Grundlage seiner Gespräche mit Jugendlichen. Nur auf diesem Weg war es möglich, ihr eigenes Denkvermögen zu entwickeln und gleichzeitig ihr Herz zu berühren.

Erst einmal zum Schreiben fest entschlossen, ließ Peter seinen Gefühlen freien Lauf. Er schrieb sich sozusagen alles »von der Seele.« Eine Überarbeitung sollte später erfolgen; wie aus Peters Randnotizen ersichtlich ist, wollte er noch etliche Ergänzungen einfügen. Diese Zeit ist ihm nicht geblieben. Wir aber rühren nicht am Inhalt seines Manuskripts und fügen ihm nur diese Nachgedanken hinzu.

Peters Lebenslauf zeigt uns einen wahren Menschen, ähnlich dem, den Boris Polewoi uns so eindrucksvoll in seinem Buch geschildert hat. Er selbst wollte auf keinen Sockel gestellt werden. Aber mit Stolz erfüllte ihn die Verleihung der Carl-von-Ossietzky-Medaille durch die Internationale Liga für Menschenrechte.

Was zeichnete Peter aus, was bestimmte seine Wesensart? Es waren seine Toleranz, sein stets solidarisches Verhalten, seine Fähigkeit zum geduldigen Zuhören. Dass er im Innern jung geblieben war, das machte das Geheimnis seiner Fähigkeit aus, die Probleme junger Menschen zu verstehen.

Und was gehörte zu Peters ganz eigener Welt? Da ist seine Freude an der Musik, vor allem am Jazz, zu nennen. Ebenso sein nie gestilltes Fernweh nach unbekannten Ländern, und dass ein Teil seines Herzens immer in Frankreich zurückgeblieben war. Natürlich war auch Peter nicht frei von Schwächen, und wir lächelten über seine guten Vorsätze an jedem Neujahrstag.

Groß war Peters Wunsch, neben den zahlreichen politischen Schriften, noch Zeit für Belletristik zu finden. Heinrich Heine war sein bevorzugter Klassiker, und er liebte nicht nur dessen Gedichte, sondern auch seine Prosa wie z. B. »Aus den Memoiren des Herren von Schnabelewopski«. Wie ansteckend war Peters Lachen über Heines Vergleiche zwischen Liebe und Kochkünsten in den verschiedenen Ländern, besaß er doch selbst einen ganz eigenen, hintergründigen jüdischen Humor.

Das Buch seiner letzten Monate war Ernst Schumachers »Mein Brecht«. Peter erfreute sich nicht nur am literarischen Wert, sondern auch an der Schilderung des Alltäglichen, denn das kam seinen eigenen Vorstellungen von Erinnerungen sehr nahe.

Das alles war Peter und noch viel mehr! Seine Erinnerungen sind ein Beitrag gegen das Vergessen und bleiben Mutmacher in den vor uns liegenden Kämpfen um eine bessere Welt.